Alex Glaser

MIDJOURNEY
Verwirklichen Sie Ihre eigenen Bilder

Praktischer und vollständiger Leitfaden für Anfänger
in der Erforschung und Nutzung von AI

Index

Teil 1: Grundlagen

Einführung in MindJourney.

Um in die Welt von MindJourney einzutreten, ist es notwendig, zumindest einen Begriff zu erwähnen, den wir alle in den letzten Jahren mehrfach gehört haben: künstliche Intelligenz.

Was meinen wir, wenn wir von künstlicher Intelligenz sprechen? Keine Angst, ich habe nicht die Absicht, extrem technische Professorenwörter zu diesem Thema zu verwenden. Mit diesem Begriff meinen wir einfach eine Art der Informationsverarbeitung, die nicht die des menschlichen Gehirns ist, sondern künstlich, d.h. von einer Maschine verarbeitet wird.

Mit künstlicher Intelligenz müssen Sie nur Informationen eingeben, je detaillierter diese sind und je präziser das Ergebnis sein wird, um das gewünschte Projekt zu erhalten. Im Fall von MindJourney wird es das Bild sein, das Sie erhalten möchten.

Zur Präzisierung muss gesagt werden, dass das Konzept der künstlichen Intelligenz auf verschiedenen Ebenen angewendet werden kann. So sind zum Beispiel die berühmten "Bots", die wir in sozialen Netzwerken oder auf Telegram finden, ein - sicherlich elementareres - Beispiel für künstliche Intelligenz. Und natürlich sind und werden die Anwendungsbereiche, in denen diese Art von Intelligenz zum Tragen kommt, immer breiter.

Dies lässt natürlich ethische Zweifel aufkommen, vor allem die Frage, ob und wie künstliche Intelligenz Arbeitnehmer ersetzen kann. Es muss jedoch unterstrichen werden, dass sie sicherlich ein wichtiges Werkzeug ist, aber eben nur ein Werkzeug. Wir müssen wissen, wie man es einsetzt, aber sparsam und mit Bedacht. Und wir müssen immer bedenken, dass wir es nicht mit einer extrem ausgereiften künstlichen Intelligenz zu tun haben, so dass das Ergebnis, das wir erhalten werden, möglicherweise nicht so präzise ist, wie wir es uns wünschen.

Denken Sie daher immer daran, die Ergebnisse, die wir mit seiner Verwendung erzielen werden, sehr sorgfältig zu prüfen.

Der Einsatz künstlicher Intelligenz kann zweifellos große Vorteile mit sich bringen; wir müssen uns jedoch bewusst sein, dass sie die menschliche Kreativität nicht ersetzen kann.

Lassen Sie sich jedoch nicht entmutigen, wenn Sie bei Ihren ersten Versuchen nicht das Bild Ihrer Träume erhalten, denn dies erfordert immer Ausdauer, Studium und Aufmerksamkeit. Denken Sie immer daran: Je genauer Sie mit der künstlichen Intelligenz arbeiten, desto präziser wird sie Ihnen die Ergebnisse ihrer Arbeit liefern.

Und nun beginnen wir, Kapitel für Kapitel, in die Welt dieser außergewöhnlichen künstlichen Intelligenz einzutreten, die MidJourney ist.

Was ist MidJourney.

MidJourney ist eine Form der künstlichen Intelligenz, die sich der Erstellung von Bildern widmet, die Sie dann in Ihren sozialen Medien teilen oder an Dokumentationen und Forschungsarbeiten anhängen können, für die bestimmte Bilder erforderlich sind, oder auch nur, um Ihrer Fantasie ein Bild zu geben. Wenn ich von Bildern spreche, beziehe ich mich natürlich auf alle Arten von Bildern, einschließlich Fotografien.

Das Faszinierende an MidJourney ist, daß Sie Bilder von außergewöhnlichem Realismus erhalten können, indem Sie einfach Anweisungen schreiben, d.h. Worte, die Ihnen helfen zu verstehen, welches Bild Sie im Kopf haben. Sie müssen praktisch weder Van Gogh noch Picasso sein, um ein Bild zu bearbeiten; merken Sie es sich einfach, geben Sie die Schlüsselwörter ein, die Sie für am geeignetsten halten, und bitten Sie MidJourney, Ihre Fantasie in Bildform umzusetzen.

Seien Sie jedoch vorsichtig, dies sollte sofort geklärt werden, denn MidJourney hat seinen eigenen Ethik- und Verhaltenskodex, den Sie kennen müssen, um korrekt mit ihm zu arbeiten. Welcher ist das? Es handelt sich um einen Kodex von wenigen Zeilen, den ich unten wiedergebe:

"Seien Sie kein Idiot.

Verwenden Sie unsere Tools nicht, um Bilder zu erstellen, die aufrührerisch, verstörend oder dramatisch sein könnten. Dies gilt auch für blutige und nicht jugendfreie Inhalte.

Seien Sie respektvoll gegenüber anderen Menschen und dem Team".

Für viele von Ihnen mag dieser Code sofort erkennbar sein, für andere ist er es nicht und deshalb ist es immer besser, die Dinge zu klären. Behalten Sie immer eine Sache im Hinterkopf: MidJourney ist auch eine Gemeinschaft, Sie können die Bilder, die Sie erstellt haben, hochladen und sie innerhalb der Gemeinschaft selbst zur Verfügung stellen. Deshalb müssen wir immer darauf achten, die Sensibilität oder die Ideen anderer nicht zu stören, indem wir immer den größten Respekt zeigen.

Bevor Sie sich Gedanken darüber machen, welche Begriffe Sie verwenden oder was Sie schreiben sollen, sollten Sie wissen, dass MidJourney auch in der Lage ist, ein Foto von Ihnen zu akzeptieren und es nach Ihren Wünschen zu verändern.

Wenn Sie es unbedingt ausprobieren und Ihre Projekte und Fantasien endlich sichtbar machen wollen, dann öffnen Sie Ihren Browser und geben Sie die folgende Adresse ein:

https://www.midjourney.com.

Was Sie sehen werden, ist das Fenster zur Welt von MidJourney.

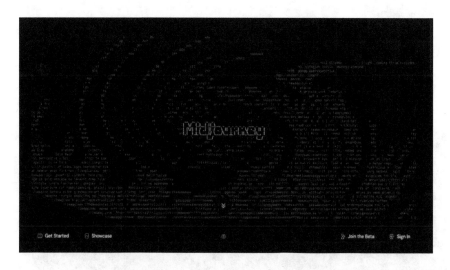

Abbildung 1. MidJourney Startbildschirm

Auf dem Hauptbildschirm finden Sie alle Einstellungen, die Sie benötigen. Von "Get Started", das wichtig ist, um die Anweisungen oder FAQs zur Nutzung dieser künstlichen Intelligenz lesen zu können, bis hin zu "Showcase", wo Sie einige der erstellten und der Gemeinschaft zur Verfügung gestellten Kreationen sehen können. "Join the Beta" ist eine Funktion, die uns jetzt nicht interessiert, sie ermöglicht es Ihnen, eine Beta-Version dieser künstlichen Intelligenz zu benutzen. Beta-Versionen, bei denen es sich oft um instabile Versionen handelt, werden von Fachleuten oder fortgeschrittenen Nutzern verwendet, um neue Funktionen zu testen, die dann in Zukunft für alle eingeführt werden. "Sign In", auf das wir im nächsten Kapitel besonders eingehen werden, erlaubt es uns, ein Konto zu erstellen und MidJourney entsprechend zu nutzen.

In der Mitte sehen Sie zwei Symbole: eines in Form eines Auges und eines mit zwei Pfeilspitzen, die nach unten zeigen.

Das erste Symbol, das Auge, gibt Ihnen einen Vorgeschmack auf einige mit MidJourney erstellte Bilder.

Abbildung 2. Bildschirm nach Auswahl des Augensymbols

Das letzte Symbol, das der beiden nach unten zeigenden Pfeile, erlaubt es Ihnen, den Bildschirm der Seite zu scrollen, um Informationen darüber zu erhalten, wer MidJourney geschaffen hat und weiter entwickelt.

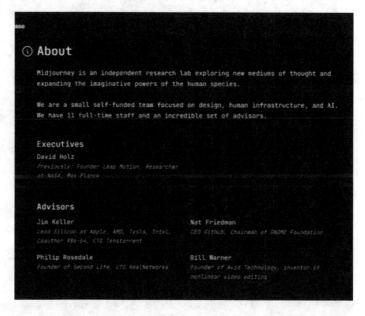

Abbildung 3. Bildschirm nach dem Klicken auf das Abwärtspfeil-Symbol

Research and Engineering

Daniel   Max   Jack   Thomas   Red   Sam   Nadir   Sebastian

Legal and Finance

Max Sills   Nadia Ali
legal advisor

Community Management

fnuckle (Katryna)   Ancient Chaos

Discord Moderators and Guides

Afterburn…	AmirKerr	bartek	Blue Man	ChrisViau	cody boy	croakie	dezm8n
DigitalDr…	Eikyuu	Feonix	fractl	isaacq	jayscott	kav2k	Matthewwa…
Meggirbot	Reiko	Sanne (Ms…	schofe	Shade	Sirkut	Spookydan	SquireZed
starshado…	Tallath	Xaphedo	ajmars	ameades	Apricus	bonnie be…	clarinet
classpect…	dafyomili…	Dee	dudu	eku	Eojin's R…	fab1an	fl4min_xX
firefly	gigglethu…	Goofball	Historian	Hoxxonia	Ippity	jrdsctt	Kath
Kevazy	Kinky Kong	Krakput	Kyun	Larc	Marigold	Molang	noodlecake
PtitCitron	Replicant	Roc	ShaneMcG	Soar	STON3ZY	Sunshiney…	TaylorV
theo3	Trent	Weaving L…	Zu				

Careers

We're a small, self-funded, fully-distributed team and we're actively hiring!

Come help us scale, explore, and build humanist infrastructure focused on amplifying the human mind and spirit.

If you're sure you can help, but don't see a position that fits, email us.

We look forward to hearing from you.

Contact

For product support or questions please join our Discord and ask questions in our #support chatrooms.

For billing support:
billing@midjourney.com

Die Hauptmerkmale von MidJourney.

Die Version von MidJourney, auf der dieses Handbuch basiert, ist die aktuellste, d.h. die am 5. März 2023 veröffentlichte Version 5.

Nach den Worten der MidJourney-Entwicklungsgruppe wird Version 5 nicht die letzte sein, ein Zeichen dafür, dass diese künstliche Intelligenz noch reichlich Raum für Verbesserungen und Erweiterungen hat.

Schauen wir uns die Verbesserungen an, von denen wir mit dieser neuesten Version profitieren werden.

1. Verbesserung der Reaktionsfähigkeit auf Benutzereingaben und der Sprachverarbeitung.

MidJourney in seiner Version 5 unterscheidet sich deutlich von den Vorgängerversionen durch seine Neutralität, die weniger persönliche Neigungen zeigt. Diese neueste Version wurde so optimiert, dass sie eine große Bandbreite an Ergebnissen bietet und eine hohe Sensibilität für Benutzereingaben zeigt. Insbesondere wurden erhebliche Verbesserungen bei der Verarbeitung natürlicher Sprache vorgenommen. Einfach ausgedrückt: MidJourney "interpretiert" jeden Rechtschreib- oder Tippfehler.

Es ist wichtig zu beachten, dass in dieser Version extrem knappe Vorschläge, wie z.B. durch Kommas getrennte Schlüsselwörter, nicht so gute Ergebnisse wie in früheren Versionen liefern. Ich empfehle daher, detailliertere und explizitere Beschreibungen der Benutzerpräferenzen zu machen, um die gewünschten Ergebnisse von MidJourney zu erhalten.

Es sollte betont werden, dass die aktuelle Version einen "Pro-Modus" des Modells darstellt. Dies bedeutet, dass sich die Benutzererfahrung in Zukunft ändern kann und es daher nicht ratsam ist, sich auf die Kontinuität der aktuellen Funktionalität zu verlassen. Das Entwicklungsteam ermutigt die Gemeinschaft aktiv zum Experimentieren und Testen der verschiedenen Funktionen. Nachdem wir das Feedback und die Meinungen der Nutzer eingeholt haben, wollen wir für diese neueste Version einen "benutzerfreundlichen" Standardstil festlegen. Nach der Implementierung haben die Benutzer immer noch die Möglichkeit, diese Änderungen zu deaktivieren und zum aktuellen "rohen" Modus zurückzukehren, wenn sie dies wünschen.

2. Außergewöhnliche Bildqualität mit MidJourney Version 5.

Dank der fortschrittlichen Sprachverarbeitung der neuen Version wird jedes wichtige Detail in den erzeugten Bildern wunderbar wiedergegeben.

Die von dieser Version von MidJourney erzeugten Bilder haben eine wesentlich höhere Auflösung. Die

Standardauflösung ist nun vergleichbar mit der der vergrößerten Bilder der Vorgängerversion, d.h. 1024 x 1024 Pixel.

Um diesen Fortschritt zu verstehen, muss man sich vor Augen halten, dass die Auflösung der Bilder in der Vorgängerversion vor der Vergrößerung 512 x 512 Pixel betrug. In der Version 5 wird diese Auflösung dank einer zusätzlichen Vergrößerung verdoppelt, so dass die Auflösung im Vergleich zur Vorgängerversion um das Doppelte erhöht wird.

Einfach ausgedrückt, alle Bilder, die mit dieser neuesten Version von MidJourney erzeugt werden, sind bereits vergrößert.

3. Außergewöhnlich naturgetreue Bilder.

MidJourney Version 5 zeichnet sich durch die Erzeugung unglaublich lebensechter Bilder aus und übertrifft damit die früheren MidJourney-Modelle. Obwohl sie weniger künstlerische Funktionen als die Vorgängerversion aufweist, bietet diese neueste Version dem Benutzer eine viel präzisere Kontrolle über das endgültige Bild. Dies ist möglich dank der extremen Sensibilität für Details in den gegebenen Anweisungen, da die Bilder sehr schnell auf jede detaillierte Beschreibung reagieren.

4. Verbesserungen der "Remix"-Funktionalität.

Die "Remix"-Funktion gibt Ihnen die Möglichkeit, zwei Bilder auf MidJourney zu kombinieren und so eine einzigartige und personalisierte Komposition zu erstellen."

5. Flexibilität bei den Proportionen.

Mit MidJourney Version 5 gibt es keine Grenzen für das Seitenverhältnis. Sie können zwischen 30:1 und 1:50 wählen, je nachdem, was Sie bevorzugen. Diese Freiheit bei den Proportionen erlaubt es Ihnen, Ihrer Kreativität freien Lauf zu lassen, so dass Ihre Kompositionen ein Niveau von außergewöhnlicher Originalität erreichen können.

6. Die Kontrolle über das "Gewicht" des Bildes wird zurückgegeben.

Diese Funktion, die in Version 3 sehr beliebt war, aber in Version 4 verschwunden ist, ist nun in der neuesten Version wieder vorhanden.

Wenn Sie versuchen, "- - iw" mit Verhältnissen wie 0,5/1/2 am Ende der Eingabeaufforderung einzugeben, wenn Sie neue Bilder auf der Grundlage einer Referenz erzeugen, haben Sie jetzt die volle Kontrolle darüber, wie stark diese Referenz die Gesamtausgabe beeinflussen soll. Je höher der mit "- - iw" eingestellte Wert ist, desto größer ist der Einfluss der Referenz auf das endgültige Bild.

Mit dieser Option können Sie mit der Bildgewichtung "spielen" und Kompositionen erstellen, die Ihre individuellen Vorlieben widerspiegeln. So können wir experimentieren, wie unterschiedliche Bildgewichtsverhältnisse kreative Ergebnisse formen können.

7. Der Parameter "Kachel" ist wieder verfügbar.

Mit dem Parameter "Kacheln" können die Benutzer nahtlose Muster und Texturen erstellen. Ein "gekacheltes" Bild ist ein kleines Bild, das sich sowohl horizontal als auch vertikal nahtlos wiederholt.

Diese Funktion war in Version 3 sehr beliebt und ist besonders nützlich für die Erstellung von Desktop-Hintergründen, für individuelle Drucke und in der Welt der Videospiele, wo verschiedene Texturen für verschiedene Spieloberflächen benötigt werden.

In Version 4 gab es diese Option nicht, aber in der neuesten Version ist sie wieder eingeführt worden.

Um den Parameter "tile" zu verwenden, fügen Sie einfach "-- tile" an das Ende des Befehls an.

Anwendungen von MidJourney bei der Erstellung von grafischen Werken.

MidJourney zu benutzen, um seiner Phantasie freien Lauf zu lassen, ist zweifellos sehr unterhaltsam, aber auch reduktiv. Ja, denn diese künstliche Intelligenz kann auch ein außerordentlicher "Arbeitskollege" sein, etwas, das Ihnen helfen kann, Ihre Produktionskapazität zu verbessern.

MidJourney ist zum Beispiel in der Lage, auffällige Bilder für die Werbekampagnen Ihres Unternehmens zu erstellen. Sie können Dutzende von Werbeideen ausprobieren, ohne tage- oder wochenlang auf ein "Konzept" warten zu müssen, das Sie vielleicht nicht verwenden wollen. Mit MidJourney erhalten Sie sofortige Ergebnisse und haben die Freiheit, diese an Ihre Wünsche anzupassen.

Die Entwicklung einer wirksamen Marketingkampagne erfordert Zeit und Hingabe. Stellen Sie sich vor, Sie könnten diesen Prozess halbieren. Die Integration von künstlicher Intelligenz in Content-Marketing-Strategien kann die Geschwindigkeit der Recherche, Planung, Verteilung und Erstellung von Inhalten erheblich reduzieren.

Benötigen Sie bestimmte Bilder? Dank MidJourney können Sie sich die Kosten für ein Abonnement einer Bilddatenbank sparen und auch die kostbare Zeit für die Suche darin, und Sie können direkt selbst ein Bild erstellen, das das widerspiegelt, was Sie wirklich im Sinn haben.

Erste Schritte mit MidJourney.

Kontoerstellung, Installation und Einrichtung

Die Erstellung eines Kontos für MidJourney ist der erste und wesentliche Schritt, um in die Welt dieser Künstlichen Intelligenz einzutreten.

Als erstes öffnen wir unseren Webbrowser und geben in seiner Leiste die Internetadresse von MidJourney ein, die wir jetzt gut kennen.www.midjourney.com

Abbildung 4. MidJourney-Startbildschirm

Jetzt wählen wir mit der Maus das Symbol "Anmelden", um den folgenden Bildschirm zu erhalten.

Abbildung 5. Anmeldebildschirm

Da wir zum ersten Mal auf MidJourney zugreifen, müssen wir ein Konto erstellen; wählen wir also "Registrieren", um diesen neuen Bildschirm zu erhalten.

Abbildung 6. Bildschirm "Registrieren

Hier müssen wir unsere Daten eingeben, die in der Reihenfolge der Anfrage wie folgt lauten: E-Mail; Visualisierter Name; Benutzername; Passwort und Geburtsdatum.

Sobald Sie die Daten eingegeben haben, erscheint dieser Bildschirm.

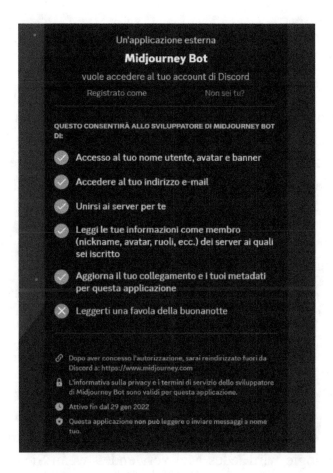

Abbildung 7. Bildschirm "Autorisierung

Dieser Bildschirm fasst alle von MidJourney angeforderten Berechtigungen zusammen, d.h. Zugriff auf Ihren Benutzernamen, Ihren Avatar und Ihr Banner; Zugriff auf Ihre E-Mail-Adresse; Beitritt zum Server für Sie; Lesen aller Informationen als Mitglied des Servers, bei dem Sie angemeldet sind und Aktualisieren Ihres Links und Ihrer Metadaten für diese Anwendung.

Wenn Sie einverstanden sind, scrollen Sie nach unten und klicken Sie auf die Schaltfläche "Autorisieren".

Achtung: Bevor Sie dies tun, müssen Sie zu Ihrem E-Mail-Posteingang gehen: MidJourney hat Ihnen eine E-Mail geschickt, um Ihre Adresse zu verifizieren. Klicken Sie darauf, um sie zu bestätigen, andernfalls wird die Kontoerstellung nicht erfolgreich sein, wenn Sie ohne diesen Schritt fortfahren.

Vielleicht haben Sie etwas bemerkt: In diesem Schritt melden Sie sich, wie der Name oben links auf dem Bildschirm bestätigt, bei "Discord" an. Aber was ist das?

Discord ist eine amerikanische Plattform, die sich auf VoIP (Voice over IP), Videoanrufe, Instant Messaging und digitale Verbreitung spezialisiert hat und sich speziell an Videospielfans richtet. Discord wurde 2015 von Jason Citron und Stan Vishnevskiy gegründet und hat sich zum Ziel gesetzt, eine Software mit niedriger Latenz zu entwickeln, die die Funktionen von VoIP-Programmen nachbildet. Diese Technologie wird jedes Mal verwendet, wenn Sie einen Anruf oder eine Verbindung herstellen, wobei dasselbe Transitnetzwerk verwendet wird, das auch für das Online-Surfen verwendet wird, wie zum Beispiel bei Telegram und Skype.

MidJourney ist nicht über seine Website zugänglich, sondern funktioniert vollständig über Discord, die Plattform für die Kommunikation zwischen Menschen, die ähnliche Interessen teilen. Deshalb wechseln Sie von Discord zu MidJourney, um es nutzen zu können.

Nachdem wir auf "Autorisieren" geklickt haben, können wir endlich auf den MidJourney-Bildschirm zugreifen.

Sie haben nun offiziell die Welt von MidJourney betreten

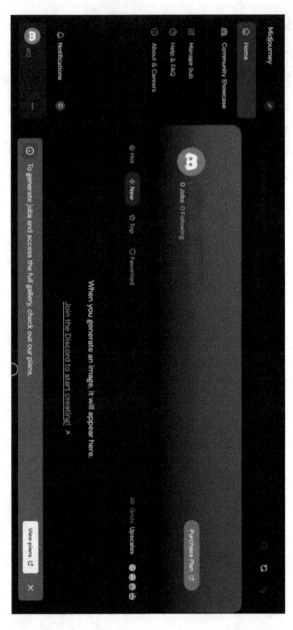

Abbildung 8. MidJourney Anmeldebildschirm

Zugriff auf die MidJourney-Schnittstelle.

Lassen Sie uns nun den MidJourney-Bildschirm genauer erkunden.

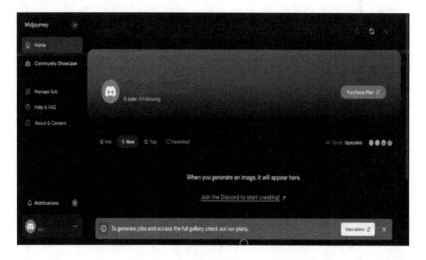

Abbildung 8. MidJourney Anmeldebildschirm

Konzentrieren wir uns auf die linke Spalte und versuchen wir, die Bedeutung der Befehle zu verstehen.

"**Home**": Mit diesem Befehl können Sie zum Hauptbildschirm zurückkehren, der in Abbildung 8 zu sehen ist.

Community Showcase: mit diesem Befehl öffnet sich ein Fenster, das Ihnen die Bilder zeigt, die die MidJourney-Community erstellt und geteilt hat. Unten können Sie den Bildschirm sehen.

Abbildung 9. Bildschirm "Gemeinschaftsschaukasten

Wenn Sie mit der Maus auf eine beliebige Figur zeigen, wie ich es z.B. bei dem Mädchen mit dem roten Mantel getan habe, erscheint ein Fenster, das zwei Arten von Informationen enthält: die erste, "/v5_upscale", sagt Ihnen, daß dieses Bild mit der MidJourney-Version 5 gemacht wurde; die Worte darunter sind jedoch die, die MidJourney benutzt hat, um das Mädchen in der Figur zu erstellen.

Manage Sub: ist der Befehl, mit dem Sie den Bildschirm für die Auswahl der Abonnementpläne öffnen können. Angesichts des großen Erfolges von MidJourney ist es nicht mehr möglich, ein kostenloses Konto zu haben, und bis jetzt gibt es vier Pläne mit ihren jeweiligen Preisklassen. Der Plan kann monatlich oder jährlich abgeschlossen werden und kann jederzeit gekündigt werden. Beachten Sie, dass das Abonnement bei monatlichen Tarifen nur zum Monatsende gekündigt werden kann, bei jährlichen Tarifen müssen Sie jedoch bis zum Ende des Jahres warten. Deshalb kann ich Ihnen nur raten, sich für ein monatliches Abo zu entscheiden, zumindest für den Anfang. Sie können es dann jederzeit erweitern.

Abbildung 10. Screenshot der ersten drei Abonnementpläne

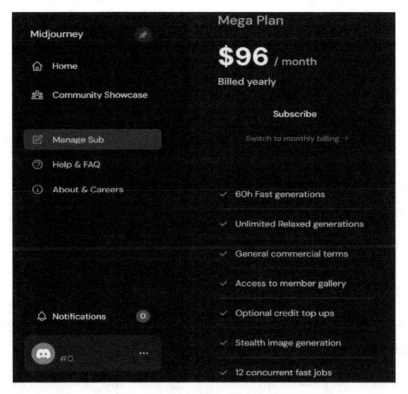

Abbildung 10. Vierter Bildschirm des Abonnementplans

Natürlich ist die Aufforderung, den Inhalt der verschiedenen Abonnementpläne sorgfältig zu lesen und zu wählen, welcher der effektivste für das ist, was wir mit MidJourney machen wollen.

Eine Sache muss klargestellt werden: die Bilder, die mit MidJourney erstellt werden, werden immer mit der Gemeinschaft geteilt, wenn Sie die Möglichkeit haben wollen, dies zu vermeiden, müssen Sie sich für das vierte Abonnement anmelden.

Es versteht sich von selbst, dass MidJourney mit dem Wunsch geboren wurde, Bilder auszutauschen, um nicht nur von den Besten zu lernen, sondern auch zu wachsen und sich durch Vergleiche zu verbessern. Wie wir später noch besser sehen werden, ist es möglich, ein Bild der Gemeinschaft zu nehmen und es zu verändern.

Hilfe & FAQ: mit diesem Befehl können Sie auf den sehr nützlichen Leitfaden zugreifen, der Ihnen hilft, die Grundlagen von MidJourney und seine Benutzung zu verstehen.

Über & Karriere: Hier können Sie Informationen darüber abrufen, wer das MidJourney-Projekt entwickelt hat.

Benachrichtigung: Hier können Sie alle Benachrichtigungen und Nachrichten lesen, die Sie erhalten. Die Zahl daneben zeigt an, wie viele Benachrichtigungen Sie bereits erhalten haben, ohne sie zu lesen.

Noch weiter unten, wo Ihr Kontoname angezeigt wird, finden Sie ein Quadrat mit drei Punkten; wenn Sie auf dieses Symbol klicken, erhalten Sie dieses Menü:

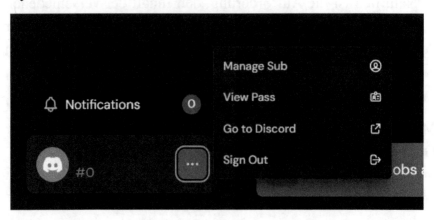

Abbildung 12. Bildschirm des Kontomenüs

Abo verwalten: Ermöglicht Ihnen die Verbindung zu den soeben gezeigten Bildschirmen für Abonnementpläne.

Pass ansehen: Dies bringt Sie zu einem Bildschirm, auf dem Sie wählen können, ob Sie mit MidJourney über Discord weitermachen oder die Beta-Version ausprobieren möchten.

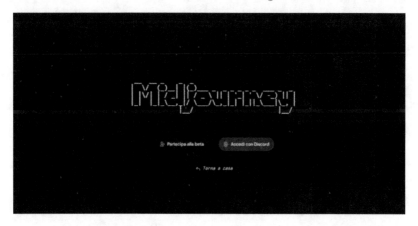

Abbildung 13. Bildschirm "Pass" anzeigen

Zu Discord gehen: ermöglicht es Ihnen, die Discord-Plattform zu betreten, um alternative Server zu MidJourney auszuwählen.

Abmelden: Wenn Sie diesen Befehl wählen, verlassen Sie Ihr Konto und MidJourney.

Im mittleren Teil des Bildschirms finden Sie, von oben beginnend, ein Suchfeld, das Sie nutzen können, um bestimmte Bilder zu finden, die Sie in Ihrem Konto benötigen.

Unter diesem Bereich finden Sie den Namen Ihres Kontos, unter dem Sie die Anzahl der erstellten Bilder und die Anzahl der Follower, die Ihnen folgen, sehen können.

Und schließlich der Bereich darunter, in dem alle Bilder erscheinen, die Sie nach und nach erstellen werden.

Überblick über die MidJourney-Funktionen.

Wie wir im ersten Kapitel dieses Buches entdeckt haben, ist MidJourney ein wahres Universum für sich mit einer außergewöhnlichen Fülle von Möglichkeiten.

In Version 5 wurden einige der wichtigsten Funktionen, die wir in diesem Kapitel kennenlernen werden, deutlich verbessert und erweitert.

Herauszoomen

Um MidJourney Version 5.2 zu verwenden, ist kein Konfigurationsprozess notwendig: Template-Updates werden automatisch in den Benutzereinstellungen implementiert und gelten sofort, wenn eine Anfrage gestellt wird. Eines der Flaggschiffe von MidJourney ist die Zoom Out Funktion.

Mit diesem Werkzeug, das der Funktion "Generative Füllung" von Adobe ähnelt, kann der Benutzer ein Originalbild vergrößern, ohne die Details des Originals zu verlieren. Nach der Eingabe eines "/image"-Befehls startet MidJourney vier visuelle Iterationen in einem Raster, basierend auf den Benutzereingaben. Der Benutzer hat so die Möglichkeit, einen bestimmten Teil des Bildes zu "zoomen", um es detaillierter und schärfer zu machen.

Jetzt sehen die Benutzer drei Schaltflächen unter dem vergrößerten Bild: **Verkleinern 2x**, **Verkleinern 1,5x** und **Benutzerdefinierter Zoom**. Die ersten beiden vergrößern die ursprüngliche Szene um das Zweifache bzw. das Eineinhalbfache des Maßstabs des Originalbildes. Mit der Option "Benutzerdefinierter Zoom" können Sie dieses Verhältnis - über einen einfachen manuellen Befehl - auf einen beliebigen Wert zwischen 1,0 und 2,0 einstellen. Wenn Sie jedoch den Wert von 2.0 in Ihrem Befehl überschreiten, wird MidJourney eine Fehlermeldung ausgeben und Sie auffordern, den Wert innerhalb dieser Grenzen zu halten.

Das Faszinierende an dieser Funktion ist ihre unendliche Flexibilität. Wenn Sie die Ausgabe verkleinern, können Sie die **Funktion 1,5-/2-fach verkleinern** so oft wie gewünscht anwenden, damit sich das immer größer werdende Bild weiterentwickeln kann.

Funktion Quadratisch machen

In der neuen Version wurde das Werkzeug "Quadrat erstellen" eingeführt, mit dem Sie die Form von Bildern ändern können, die mit anderen Proportionen als einem perfekten Quadrat erstellt wurden. Dies ist besonders nützlich für Bilder im Querformat (die mit dem abschließenden Befehl "-ar 16:9" erzeugt wurden), da Sie sie damit vertikal oder horizontal vergrößern können. Um die Richtung der Skalierung zu bestimmen, suchen Sie einfach nach den Pfeilen neben der Schaltfläche "Quadrat erstellen".

Variationsmodus

MidJourney V5.2 verfügt über eine neue Funktion namens "Variationsmodus", die es dem Benutzer erlaubt, die Art der visuellen Nuancen und Änderungen zu verfeinern, die auf seine Ausgaben angewendet werden sollen. Sie können diese Option aktivieren, indem Sie den Shortcut "/Einstellungen" verwenden und zwischen **Hoher Variationsmodus und Niedriger Variationsmodus** wählen. Die hohe Variation führt zu einer etwas größeren visuellen Abweichung von der ursprünglichen Ausgabe, was zu interessanteren oder explorativeren Ergebnissen führt, während eine niedrige Einstellung eine größere visuelle Konsistenz der erzielten Ergebnisse gewährleistet.

Jetzt bietet MidJourney eine spezifischere Version dieser Funktion beim Hochskalieren von Bildern an, die es Ihnen ermöglicht, "Variation (stark)" oder "Variation (subtil)" auf eine einzelne Ausgabe anzuwenden. Diese Option ähnelt dem Variationsmodus, erlaubt es Ihnen aber, das Werkzeug in bestimmten Fällen einzusetzen, ohne das gesamte Projekt zu beeinflussen. Wenn Sie ausgiebig experimentieren möchten, können Sie den Modus "Hohe Variation" mit "Variation (stark)" kombinieren, um optimale Ergebnisse zu erzielen.

Kürzen Sie den Befehl

Ein weit verbreiteter Irrglaube über MidJourney ist, dass die Verwendung von mehr Wörtern in der Aufforderung automatisch zu besseren oder detaillierteren Ergebnissen führt. Detaillierte Prompts können zwar fesselndere Ergebnisse liefern, aber zu viele Details negieren oft die Wirkung jedes einzelnen Wortes und führen zu banalen Ergebnissen, die der ursprünglichen Idee weniger treu sind.

Um dieses Problem zu lösen, können Sie den **BefehlShorten** von MidJourney verwenden. Geben Sie einfach "/shorten" ein und fügen Sie die langatmige Nachricht ein. MidJourney wird die Bestandteile der Nachricht analysieren und Ihnen kürzere und effektivere Alternativen vorschlagen, die Sie verwenden können.

Stilisieren

MidJourney wurde entwickelt, um Bilder mit einer künstlerischen Sensibilität und einer üppigen visuellen Ästhetik zu erstellen, eine Eigenschaft, die es von Programmen *wieStable Diffusion* unterscheidet. Die Benutzer können sich diesen Effekt durch die Funktion "Stylize" zunutze machen. Zuvor konnten die Benutzer "-stylite X" an das Ende ihrer Eingabeaufforderungen anhängen, was sowohl den Realismus als auch den Stil der erzeugten Bilder verbesserte.

Basisbild mit MidJourney.

Verwendung der Beispiel-Eingabeaufforderung zur Erzeugung einfacher Bilder

Nun ist es an der Zeit, unser erstes Bild mit MidJourney zu erstellen. Zuerst geben wir unseren Bildschirm ein, den wir im vorigen Kapitel kennengelernt haben.

Eine notwendige Empfehlung: Denken Sie immer daran, ein Abonnement abzuschließen, sonst können Sie keine Bilder mit MidJourney erstellen.

Nun, sobald Sie unseren Bildschirm betreten, an den ich Sie weiter unten erinnere:

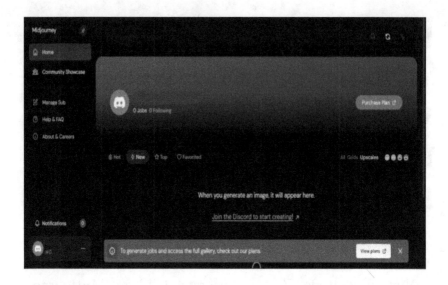

Klicken Sie einfach auf "Join the Discord to start creating", um einen der Discord-Server zu betreten und mit der Erstellung unseres Bildes zu beginnen.

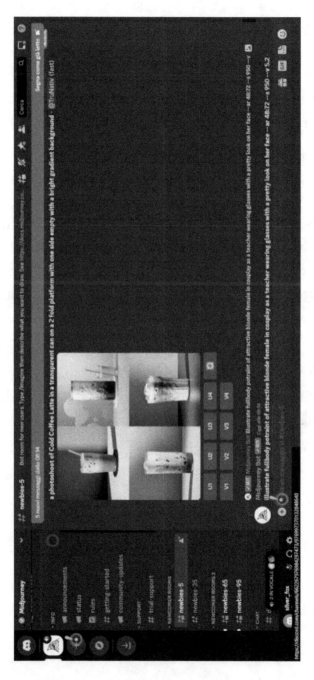

Abbildung 14. Discord-Startbildschirm

Lassen Sie sich auf keinen Fall von dem erscheinenden Bildschirm abschrecken. Für Anfänger mag er unverständlich erscheinen, aber ich versichere Ihnen, dass er seine eigene präzise Logik hat, und wenn Sie mit ihm arbeiten, werden Sie seine Geschwindigkeit und Bequemlichkeit zu schätzen wissen.

In der linken Spalte sehen Sie eine Liste von Namen, denen das "#"-Symbol vorangestellt ist. Dies sind die Kanäle, über die Sie mit MidJourney und seiner Gemeinschaft in Kontakt treten. Das Icon mit dem Regenbogensegel, das Sie sowohl oben links als auch unten auf der Seite sehen, ist das Icon, das den MidJourney-Bot auszeichnet, Sie werden es oft auf der Seite als Träger von Nachrichten des Bots selbst sehen. Lesen Sie diese immer sorgfältig.

Um nun unser erstes Bild mit MidJourney zu erstellen, müssen wir den Kanal "#newbies" auswählen. Der Einfachheit halber haben wir die Nummer 5 gewählt, aber das bedeutet nicht, dass Sie jede beliebige Nummer wählen können.

An dieser Stelle positionieren wir uns in der Leiste am unteren Rand des Bildschirms und beginnen, den Befehl auszuwählen, der die Erstellung des Bildes "/images" ermöglicht.

Abbildung 15. Bildschirm zur Befehlseingabe

Wie Sie sehen können, erscheint sofort nach der Eingabe des "/" eine ganze Reihe von Befehlen, die von MidJourney verwendet werden. In unserem Fall, da wir uns in einem Anfängerkanal befinden, setzt der MidJourney-Bot den Befehl, den wir eingeben wollen, "/images" an die erste Stelle.

An dieser Stelle wählen wir sie direkt aus, und wir erhalten sie in unserem Textfeld:

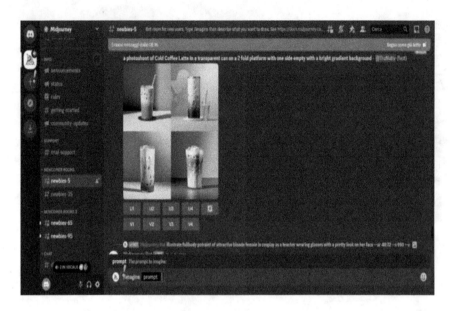

Abbildung 16. Bildschirm zur Parametereingabe

Innerhalb des Befehls "/images" öffnet sich ein Feld namens "prompt"; hier müssen alle Begriffe eingegeben werden, die dazu dienen, das Bild zu beschreiben und zu identifizieren, das wir im Kopf haben und das wir erstellen wollen. Denken Sie immer daran, dass das Bild umso mehr unseren Wünschen entspricht, je detaillierter Sie sind.

Sobald wir hier sind, geben wir den folgenden Satz in das Eingabefeld ein: "A conceptual image of space travel with a spacecraft hurtling through the stars".

Wir drücken sofort den Sendeknopf und MidJourney zeigt uns innerhalb weniger Sekunden die Bilder. Wir schreiben Bilder, weil MidJourney Ihnen vier verschiedene Arten von Bildern zeigen wird, die nach Ihren Anweisungen erstellt wurden.

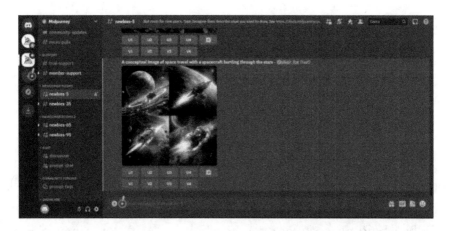

Abbildung 17. Screenshot der erstellten Bilder

Sie werden sofort feststellen, dass unter den vier Bildern, die MidJourney uns vorgeschlagen hat, eine Reihe von Schaltflächen erscheinen. Die mit "U1" bis "U4" bezeichneten Schaltflächen dienen dazu, die Größe und Qualität der Bilder zu erhöhen. Mit den Schaltflächen von "V1" bis "V4" können Sie dagegen vier Bilder erhalten, die dem von Ihnen ausgewählten Bild ähneln.

So einfach und schnell wie MidJourney kann es nur sein!

Versuchen Sie nun, sich selbst zu verwöhnen, indem Sie vielleicht einige Begriffe des Satzes ändern, der zur Erstellung der Bilder verwendet wurde, um zu bemerken, wie sie sich selbst durch die Differenzierung eines einzigen Wortes erheblich verändern können.

Anpassung der Generierungsparameter.

Diejenigen, die sich leidenschaftlich mit Grafik beschäftigen oder damit ihren Lebensunterhalt verdienen, werden es sicherlich vorziehen, MidJourney-Bilder mit einer Bildbearbeitungssoftware zu bearbeiten. Auf der einen Seite könnte es einfacher sein, auf der anderen Seite riskieren wir, auf die Leistung dieser künstlichen Intelligenz zu verzichten, die uns dank der Hinzufügung spezifischer Parameter in ihren Befehlen eine bis ins Detail verfeinerte Arbeit liefern kann.

Lassen Sie uns nun versuchen, einige grundlegende und am häufigsten verwendete Parameter in MidJourney für die Bilderzeugung zu sehen. Für diejenigen, die die Zeit und Lust haben, sie alle zu erforschen, empfehle ich die MidJourney-Dokumentationsseite, die ihnen gewidmet ist, begleitet von reichhaltigen Beispielen, und die Sie unter der folgenden Adresse finden können:

https://docs.midjourney.com/docs/parameter-list.

Hier werden wir nun die wichtigsten und am häufigsten verwendeten sehen.

Erscheinungsbild und Bildqualität

Durch Ändern des Parameters "--aspect" oder "--ar" können die Proportionen des zu erzeugenden Bildes geändert werden.

Diese Seitenverhältnisse stellen das Verhältnis von Breite zu Höhe eines Bildes dar und werden in der Regel als Zahlenpaar ausgedrückt, das durch Doppelpunkte getrennt ist, z. B. 7:4 oder 4:3. Der Standardwert ist 1:1 und "--aspect" akzeptiert nur ganze Zahlen (z. B. 139:100 statt 1,39:1). Einige gängige Beispiele von Seitenverhältnissen sind:

- "--aspect 1:1": Standard-Seitenverhältnis;

--aspect 5:4": üblich bei Rahmen und Druckverhältnissen;

--aspect 3:2": typisch für die gedruckte Fotografie;

--aspect 7:4": nahe an HD-TV-Bildschirmen und Smartphone-Bildschirmen.

Versuchen wir, ein Bild mit einem Seitenverhältnis von 5:4 zu erstellen.

Bevor Sie beginnen, ist es wichtig, eine Sache zu beachten: die Parameter dürfen nur nach der Bildbeschreibung geschrieben werden, niemals davor, sonst wird MidJourney sie nicht als solche erkennen.

Unsere Aufforderung wird also lauten:

"/image prompt a conceptual image of space travel with a spacecraft hurtling through the stars --ar 5:4". Das Ergebnis wird das folgende sein:

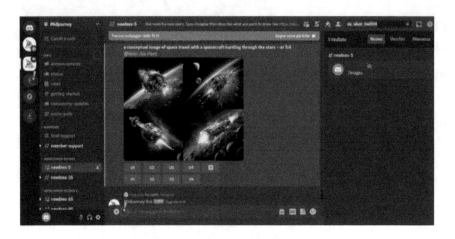

Abbildung 18. Bildschirm im Format 5:4

Durch die Einstellung der Parameter "--quality" oder "--q" können Sie die für die Erstellung des Bildes benötigte Zeit beeinflussen. Eine höhere Bildqualität erfordert mehr Verarbeitungszeit, erzeugt aber auch feinere Details. Die Qualitätseinstellung hat jedoch keinen Einfluss auf die Auflösung der Ausgabe. Die Standardqualität ist 1, das ist die Basisqualität, aber Sie können sie auf 0,25 (ein Viertel der Qualität) oder 0,5 (die Hälfte der Qualität) einstellen.

Denken Sie daran, dass ein höherer Wert nicht immer besser ist: Manchmal ist weniger mehr". Niedrigere Werte können abstrakte Bilder auffälliger machen, während höhere Werte ideal sind, um Details in Gebäuden und Architektur hervorzuheben.

Der Parameter "--stylize" oder "--s" verändert die Intensität von Farben, Kompositionen und künstlerischen Formen im erzeugten Bild. Ein niedriger Wert für die Stilisierung erzeugt Bilder, die der Eingabeaufforderung stärker ähneln, während höhere Werte Bilder erzeugen, die künstlerischer sind und weniger mit der Eingabeaufforderung zu tun haben. Der Standardwert für die Stilisierung ist "--s 100", aber er kann auf jeden Wert zwischen 0 und 1000 gesetzt werden.

Versuchen wir, den folgenden Befehl einzugeben:

/"/Stellen Sie sich ein konzeptionelles Bild der Raumfahrt mit einem Raumschiff vor, das durch die Sterne rast - s 100"

Und das ist das Ergebnis:

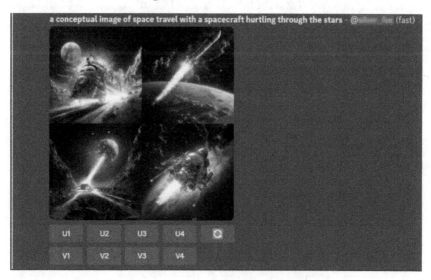

Abbildung 19. Bildschirm stilisieren

Zwei Dinge werden Ihnen sofort aufgefallen sein: Erstens, dass es in der vorherigen Version keine Änderungen zu geben scheint, und zweitens, dass der Parameter, den wir geschrieben haben, im Gegensatz zum vorherigen Beispiel, nicht von boot gemeldet wird. Die Erklärung ist ganz einfach: der Wert 10, den wir für stylize angegeben haben, ist der Referenzwert von

MidJourney, weshalb der Bot ihn nicht meldet. Alle Bilder, die Sie erstellen werden, haben bereits einen Stylize-Wert von 100.

Kreative Kontrolle der Bilder

Der Parameter "--chaos" oder "--c" wirkt sich auf die Vielfalt der Raster im ursprünglich erzeugten Bild aus. Ein hoher Chaoswert führt zu ungewöhnlicheren und unvorhersehbareren Ergebnissen, während niedrigere Werte konsistentere und wiederholbare Kompositionen ergeben. Mit "--chaos" können Sie einen Chaoswert zwischen 0 und 100 angeben, wobei 0 der Standardwert ist und 50 bereits ein hohes Maß an Chaos darstellt.

Wenn wir zum Beispiel den folgenden Befehl eingeben:

"/image prompt a conceptual image of space travel with a spacecraft hurtling through the stars --c 15" , wobei ein Wert von 15 für ein mittleres Maß an Chaos steht.

Wir werden dieses Ergebnis erhalten:

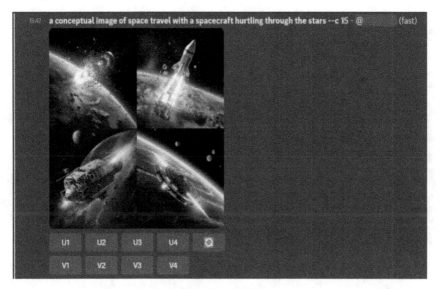

Abbildung 20. Bildschirm mit Chaos-Parametern

Der Parameter "--no" kann verwendet werden, um bestimmte Details oder Unvollkommenheiten aus den erzeugten Bildern zu entfernen. Mit "--no text" wird zum Beispiel versucht, jeglichen Text im Bild zu entfernen. Der gewünschte Effekt wird jedoch nicht immer erreicht.

Versuchen wir, diesen Befehl einzugeben:

"/imagine prompt ein konzeptionelles Bild der Raumfahrt mit einem Raumschiff, das durch die Sterne rast - kein blaues Licht".

Das werden Sie bekommen:

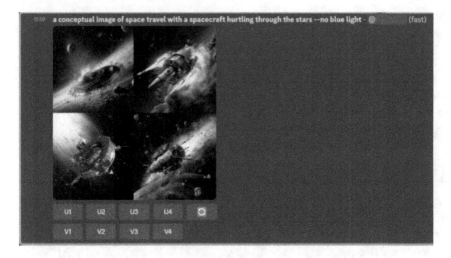

Abbildung 21. Parameterbildschirm nein

Mit dem Parameter "no" können wir mit dem Entfernen von Farben, Text oder Formen spielen, um Ergebnisse zu erzielen, die meistens besonders und angenehm sind.

Um einen Auftrag mitten in der Verarbeitung zu stoppen, können Sie der Eingabeaufforderung den Parameter "--stop" hinzufügen. Dies führt zu einem unschärferen und weniger detaillierten Bild, was in manchen Situationen erwünscht und gewünscht sein kann. Wenn Sie z. B. "--stop 50" zur Eingabeaufforderung hinzufügen, wird der Generierungsprozess bei 50 % beendet, was zu einem eher unscharfen Bild führt. "--stop" akzeptiert Werte von 10 bis 100, wobei 100 der Standardwert ist.

Versuchen wir, diesen Parameter zu verwenden, und geben wir die folgende Zeile ein:

"/image prompt a conceptual image of space travel with a spacecraft hurtling through the stars --stop 50", bricht der Generierungsprozess bei 50 % Fertigstellung ab und erzeugt ein sehr unscharfes Bild.

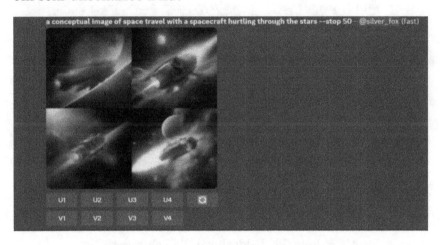

Abbildung 21. Bildschirm "Attribut anhalten

Der MidJourney-Bot verwendet den Parameter "--seed" oder "--sameseed", um ein visuelles Rauschfeld, ähnlich dem Fernsehrauschen, als Ausgangspunkt für die Erzeugung der Raster im Ausgangsbild zu erzeugen. Die "--seed"-Nummern werden für jedes Bild nach dem Zufallsprinzip generiert und bieten bei jeder Eingabeaufforderung eine breite Palette von Optionen. Sie können jedoch Seed-Nummern mit ganzzahligen Werten von 0 bis 429496729 angeben. Wenn Sie dieselbe Seed-Nummer und dieselbe Eingabeaufforderung verwenden, werden ähnliche Endbilder erzeugt.

Versuchen wir, diese Zeile zu tippen:

"/imagine prompt ein konzeptionelles Bild der Raumfahrt mit einem Raumschiff, das durch die Sterne rast -seed 123".

Die Seed-Nummer ist 123 und bietet einen spezifischen Ausgangspunkt für die Bilderzeugung.

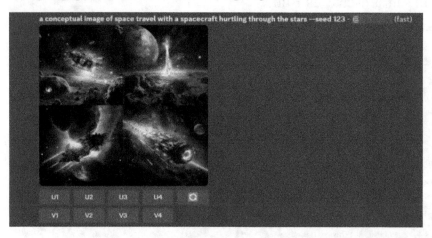

Abbildung 23. Bildschirm für Saatgutattribute

Um die "--seed"-Nummer einer auf Discord vorhandenen Kreation zu identifizieren, reagieren Sie einfach mit einem umschlagförmigen Emoji.

Erzeugen von sich wiederholenden Mustern und Erkunden von MidJourney-Versionen

Mit dem Parameter "--tile" können Sie Bilder erstellen, die als sich wiederholende Kacheln für fortlaufende Muster verwendet werden können, z. B. für Stoffe, Hintergründe und Texturen. Dieser Parameter funktioniert mit den Vorlagenversionen 1, 2, 3 und 5 und erzeugt eine einzelne

Kachel. Um jedoch eine konsistente Wiederholung zu erstellen, müssen Sie ein spezielles Werkzeug zur Mustererstellung *wieSeamless Pattern Checker* verwenden.

Versuchen wir, diese Befehlszeile einzugeben:

"/imagine prompt ein konzeptionelles Bild der Raumfahrt mit einem Raumschiff, das durch die Sterne rast --v 5 -tile".

Sehen Sie sich das Ergebnis an:

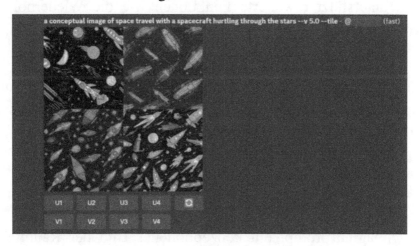

Abbildung 24. Bildschirm "Kachelattribute

MidJourney wird ständig aktualisiert, um die Effizienz, Konsistenz und Qualität der erzeugten Bilder zu verbessern. Die aktuellste Version stellt das Standardmodell dar, aber es ist möglich, zwischen verschiedenen Versionen (1, 2, 3, 4 und 5) zu wählen, indem man die Nummer über den Parameter "--version" oder "--v" angibt, oder über den Befehl " /settings" eine der verfügbaren Versionen auswählt.

MidJourney V5.1, bezeichnet als "--v 5.1", stellt die neueste und fortschrittlichste Version des Modells dar. Diese Version zeichnet sich, wie wir bereits gesehen haben, durch eine starke Standard-Ästhetik aus, die es leicht macht, mit einfachen Textaufforderungen zu arbeiten. Sie zeichnet sich durch eine hohe Konsistenz bei der genauen Interpretation von Befehlen in natürlicher Sprache aus und produziert weniger Artefakte und unerwünschte Kanten. Außerdem bietet sie schärfere Bilder und unterstützt erweiterte Funktionen wie die Wiederholung von Mustern.

Das Niji-Modell, das als "--niji 5" bezeichnet wird, ist das Ergebnis der Zusammenarbeit zwischen MidJourney und Spellbrush und wurde entwickelt, um Anime und Illustrationen im japanischen Stil zu erstellen. Es eignet sich besonders für dynamische und actionreiche Aufnahmen sowie für charakterbetonte Kompositionen.

Lassen Sie uns dieses Attribut jetzt ausprobieren:

"/imagine prompt ein konzeptionelles Bild der Raumfahrt mit einem Raumschiff, das durch die Sterne rast - niji 5".

Überzeugen Sie sich selbst vom Ergebnis:

Abbildung 25. niji 5 Parameterbildschirm

Speichern und Freigeben von erstellten Bildern.

Das Speichern und Weitergeben von Bildern, die mit MidJourney erstellt wurden, ist wirklich einfach und kann in nur wenigen Schritten erledigt werden.

Um unsere Kreationen zu speichern, brauchen wir nur auf das erstellte Bild zu klicken. Es erscheint dann in der Mitte des Bildschirms und unten links neben dem Bild erscheint der Hinweis "mit Browser öffnen".

Abbildung 26. Bildschirm "Im Browser öffnen

Sobald wir auf diesen Schriftzug klicken, erscheint unser Werk im Vollbildmodus und in der Definition, die wir bei der Erstellung des Bildes gewählt haben. Jetzt müssen wir es nur noch mit der rechten Maustaste auswählen und auf "Speichern unter" klicken, um zu entscheiden, wo es auf unserem Computer oder den angeschlossenen Peripheriegeräten gespeichert werden soll.

Abbildung 27. Bildschirm "Speichern unter

Wenn wir jedoch unsere Kreationen mit der gesamten MidJourney-Gemeinschaft teilen wollen, ist der Vorgang ebenso einfach und unmittelbar.

Wir öffnen eine neue Registerkarte in unserem Browser und geben die folgende Adresse ein:

https://www.midjourney.com/app/

Es erscheint der uns bereits bekannte Bildschirm:

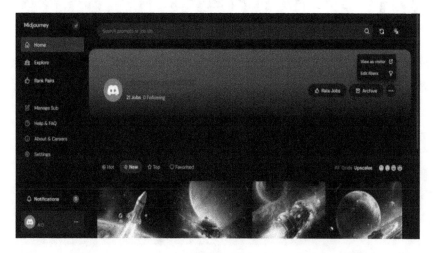

Abbildung 28. Bildschirm zur Bildfreigabe

Nun müssen Sie nur noch auf das Kreissymbol mit den drei Punkten darin klicken und den Punkt "Als Besucher anzeigen" auswählen.

Daraufhin öffnet sich ein neuer Bildschirm. Kopieren Sie den Link zu diesem Bildschirmfoto und teilen Sie ihn auf Discord, damit jeder Ihre Arbeit sehen kann.

Teil 2: Mittlere Begriffe

Einblicke in die MidJourney-Funktionalität.

Erkundung erweiterter Beispielvorschläge

Nachdem wir die Grundlagen kennengelernt haben, wollen wir nun versuchen, einige Bilder zu erstellen, die nicht mehr einfach, sondern dank der Themen, die wir im vorherigen Kapitel kennengelernt haben, besonders aufwändig sind.

Lassen Sie uns versuchen, Realität und Phantasie zu verschmelzen und MidJourney bitten, eine Stadtlandschaft im Stil des Malers Van Gogh zu erstellen, eine Landschaft, die in eine sternenklare Nacht gehüllt ist. Bei einer solchen Anfrage wäre es zweifellos praktisch, das "--seed"-Attribut zu verwenden, das wir bereits im vorherigen Kapitel behandelt haben.

Wir geben also die folgende Befehlszeile ein:

"/images prompt Eine nächtliche Stadtlandschaft im Stil von Van Goghs Sternennacht, mit wirbelndem Himmel und leuchtenden Straßenlaternen -seed 12345".

Schauen wir uns das Ergebnis an:

Sehen Sie, wie Sie durch den durchdachten Einsatz des Attributs "seed" wirklich künstlerische Bilder schaffen können? Versuchen Sie selbst, die Zahlenwerte zu ändern, um zu sehen, wie sehr sich die Bilder unterscheiden können.

Versuchen wir nun, ein wenig mit den Gewichtungen, oder besser gesagt, mit den Proportionsverhältnissen innerhalb eines Bildes zu spielen. Angenommen, in Ihrer Bildidee gibt es ein Detail, das stärker hervorgehoben werden soll als die anderen, was können wir tun? Hier werden wir eine neue Notation einführen: "::".

Kommen wir gleich zu einem Beispiel: Nehmen wir an, dass wir diesmal van Goghs Sternennacht mit Dalìs Beharrlichkeit der Erinnerung kreuzen wollen.

Schauen wir uns gleich an, wie die Anweisung geschrieben ist:

"/Bilder [Sternennacht]::4 ski von Vincent Van Gogh kombiniert mit [Das Fortdauern der Erinnerung]::1 von Salvador Dalì"

Mit dieser Anweisung weisen wir MidJourney an, die beiden Werke zusammenzuführen, aber mit der Vorgabe, dass das von Van Gogh im Vordergrund stehen soll. Lassen Sie uns das Ergebnis sofort sehen:

Auch hier müssen Sie nur die Proportionen oder sogar die Werke ändern, um zu experimentieren und unglaubliche Bilder zu finden.

Und jetzt versuchen wir, die Farbbalance zu mischen. Versuchen Sie, die Bilder zu beleben, indem Sie die gewünschten Farben festlegen, die Töne harmonisieren und die Atmosphäre hervorrufen, die Sie inspiriert hat.

Wie können wir das tun? Wir verwenden wieder das Argument "seed". Sehen Sie sich den folgenden Befehl an:

"/images Eine mesmerizzino Wüstenlandschaft mit einem balzino rot-orangefarbenen Sonnenuntergang, der lange Schatten auf die Sanddüne wirft -seed 67890"

Sieht das nicht aus wie das Panorama eines möglichen Science-Fiction-Films?

Versuchen wir, mutiger zu sein und zusätzlich zu den Argumenten, die wir gelernt haben, detaillierter und präziser in der Beschreibung unseres Bildes zu sein.

Mischen wir, was wir gelernt haben, und geben wir diese Aussage ein:

"/images prompt Eine Panoramaansicht einer Gebirgskette bei Sonnenaufgang, die einen orangefarbenen Schimmer auf die Gipfel wirft, der an die Schwarz-Weiß-Fotografie von Ansel Adams erinnert. ::3 [Berge]::1 [Sonnenaufgang]::1 -ar 3:2"

Und schließlich der letzte Schliff.

Dieses Mal geben wir Dali eine wichtigere Rolle als in unserem zweiten Beispiel.

Wir geben die folgende Anweisungszeile ein:

"/images prompt Eine surreale Traumlandschaft mit schmelzenden Uhren, die über eine karge Landschaft drapiert sind und an Salvador Dalis berühmtes Gemälde "The Persistence of Memory" erinnern. ::1 [Schmelzende Uhren]::2 [Landschaft] -ar 16:9"

Dies ist der Beweis dafür, dass Ihrer Kreativität dank MidJourney keine Grenzen mehr gesetzt sind.

Lernen Sie, das Gelernte zu mischen, experimentieren Sie, indem Sie die Werte der Themen ändern, kombinieren Sie sie, wenn nötig, und tauschen Sie die vorgeschlagenen Werke mit denen eines Künstlers aus, der Ihnen besonders gefällt. Sie werden erstaunt sein über die Ergebnisse, die Sie erzielen werden.

Verwendung von kontextuellen Hinweisen, um spezifischere Ergebnisse zu erhalten.

Bevor wir uns mit konkreten Beispielen befassen, ist es wichtig, auf die Bedeutung der Qualität der für MidJourney geschriebenen Aufforderung einzugehen. Wie bereits im ersten Kapitel hervorgehoben wurde, ist es wichtig, beim Verfassen eines Prompts präzise zu sein und Vagheit zu vermeiden. Die Verwendung mehrerer Begriffe und eine detaillierte Beschreibung helfen Ihnen, das gewünschte Bild genauer zu definieren.

Eine Sache, die man beachten sollte, ist die Verwendung von Interpunktion. Obwohl MidJourney die Interpunktion nicht berücksichtigt, kann die Verwendung von Interpunktion Ihnen helfen, die Anweisungen besser zu organisieren und Ihre Gedanken zu verdeutlichen. Es ist wichtig, daran zu denken, dass MidJourney Leerzeichen verwendet, um verschiedene Teile der Aufforderung zu trennen.

Ein wichtiger Punkt, den Sie beachten sollten, ist, dass MidJourney keine Ausschlüsse enthält. Wenn Sie zum Beispiel versuchen, ein Bild von einem Auto ohne Räder anzufordern, wird das nicht zu dem gewünschten Ergebnis führen.

Stattdessen ist es effektiver, sich auf das zu konzentrieren, was Sie in das Bild aufnehmen wollen, und detaillierte und spezifische Anweisungen zu geben, um genaue und zufriedenstellende Ergebnisse zu erzielen. Das ist das Ergebnis:

"/images promptes Auto ohne Räder"

Wie Sie aus dem Beispiel ersehen können, hat unsere künstliche Intelligenz vier Autos erstellt, alle mit Rädern.

Das Löschen von Gegenständen aus MidJourney ist sehr schwierig, aber wie wir zuvor gesehen haben, können wir einen Versuch unternehmen, indem wir die Anweisung "--no [Name des Gegenstands]" hinzufügen.

Die Strukturierung der Aufforderungen muss vor allem aus der Arbeitsperspektive gedacht werden, d.h. wenn wir eine Hypothese über die Anfertigung von Testbildern aufstellen müssen, ist es ratsam, die Semantik der Anweisung so zu strukturieren, dass sie nicht nur leicht modifizierbar, sondern auch schnell ist.

Im ersten Teil der "Aufforderung" ist es daher angebracht, alle Begriffe einzufügen, die zur Definition unseres Bildes gehören. Aber Vorsicht: Das Einfügen von Begriffen zur besseren Identifizierung des Bildes bedeutet nicht, dass man eine Liste von hundert Wörtern erstellt. Erstens, weil es für die Zwecke der kreativen Arbeit absolut nichts ändern würde, und zweitens würden Sie die Arbeit der Künstlichen Intelligenz nur unnötig verlangsamen.

Wie wir bereits in früheren Kreationen gesehen haben, ist es zum Beispiel für einen Effekt im Stil einer "van Gogh-Nacht" nicht sinnvoll, ihn mit Worten zu beschreiben, sondern es genügt, das Werk und den Autor zu nennen.

Eine der bemerkenswertesten Eigenschaften von MidJourney ist seine Fähigkeit, Bilder mit fotografischem Realismus zu erstellen. Auch in diesem Fall müssen wir verschiedene Punkte berücksichtigen. Der Ratschlag ist natürlich, die Aufforderung so zu strukturieren, als ob Sie selbst der Fotograf wären und anzugeben, welche Kamera Sie verwenden und mit welchem Objektiv.

Sie können den Kameratyp, den die künstliche Intelligenz imitieren soll, einfach auswählen: SLR, wenn es sich um eine Filmkamera handelt, und DSLR für digitale Spiegelreflexkameras. Danach müssen wir auch die Art des Objektivs, wie z. B. 18, 30, 50 oder sogar 250 mm, und natürlich das Kameramodell berücksichtigen.

Nehmen wir ein einfaches Beispiel für eine Aufforderung:

"/images promptes Foto mit Nikon D5300 Nikkor 18-105 DSLR, von einer Katze --v 5 --ar 3:2 --s 750 -keine Kamera".

Der Zusatz "--no camera" in unserer Eingabeaufforderung warnt MidJourney, wie Sie sich erinnern werden, davor, eine Reproduktion der Kamera in die Bilder einzufügen.

Bis jetzt scheint bei einem einfachen Thema alles einfach und manchmal auch intuitiv zu sein, aber gibt es mehr als ein Thema?

Bei unterschiedlichen Themen ist es gut, sie alle aufzulisten, aber bei ähnlichen Themen ist eine Gruppierung viel nützlicher. In Anbetracht des vorherigen Beispiels ist es sicherlich besser, ein Rudel von 3 Katzen zu nennen als eine Gruppe von 3 Katzen. Lassen Sie uns sehen, wie MidJourney das sieht, indem wir die folgende Aufforderung schreiben:

"/images promptes Foto mit Nikon D5300 Nikkor 18-105 DSLR, Packung mit 3 Katzen --v 5 --ar 3:2 --s 750 --keine Kamera".

Eine der erstaunlichsten Eigenschaften von MidJourney ist die Möglichkeit, das Motiv in einen Hintergrund zu setzen, was zwar ungewöhnlich erscheinen mag, aber dem Bild einen unglaublichen Realismus verleiht. Dieser Aspekt verleiht der Komposition einen Grad an Authentizität, der es ermöglicht, dass das Motiv organisch mit seiner Umgebung verschmilzt und so visuell ansprechende und überzeugende Aufnahmen entstehen.

Dieser magische Prozess der Verschmelzung von Motiv und Hintergrund führt nicht nur zu faszinierenden Bildern, sondern gibt Künstlern auch die Freiheit, fantastische Welten oder surreale Szenarien zu erkunden. Mit der Fähigkeit, Motive so nahtlos in unerwartete Kontexte zu integrieren, öffnet MidJourney die Tür zu grenzenloser Kreativität und ermöglicht es den Anwendern, beeindruckende, lebensechte Bilder zu schaffen, die sich über Erwartungen hinwegsetzen und die Fantasie anregen.

Stellen wir uns zum Beispiel vor, dass unsere drei Katzen durch die Straßen von London laufen.

"/images promptes Foto mit Nikon D5300 Nikkor 18-105 DSLR, Rudel von 3 Katzen, die durch die Straßen von London laufen --v 5 --ar 3:2 --s 750 --keine Kamera".

Jetzt sehen wir unsere Protagonisten durch die belebten Straßen Londons laufen. Wir alle wissen jedoch, dass sich das Tageslicht stündlich stark verändert, und für Fotofreunde ist dieses Detail nicht zu unterschätzen.

Glücklicherweise ist MidJourney hier, um uns bei dieser Herausforderung zu helfen. Wir können das Licht an die jeweilige Tageszeit anpassen, so dass wir realistische und eindringliche Szenarien schaffen können, die die subtilen Variationen des Lichts im Laufe des Tages getreu wiedergeben. Diese Funktion verleiht den Bildern nicht nur mehr Authentizität, sondern ermöglicht es den Künstlern auch, mit der Atmosphäre und der Stimmung von Szenen zu experimentieren und so Fotokompositionen zu schaffen, die nicht nur den Moment, sondern auch die sich verändernde Essenz von Zeit und Licht einfangen. Diese Flexibilität bietet unendlich viele kreative Möglichkeiten und ermöglicht es Ihnen, Bilder in wahre Kunstwerke zu verwandeln, die

Geschichten mit vielen Details und leuchtenden Nuancen erzählen.

Versuchen wir, diese Befehlszeichenfolge für unsere Eingabeaufforderung einzugeben:

"/images promptes Foto mit Nikon D5300 Nikkor 18-105 DSLR, Rudel von 3 Katzen, die durch die Straßen von London laufen, goldene Stunde --v 5 --ar 3:2 --s 750 --keine Kamera".

Für diejenigen, die keine Experten in der Fotografie sind, stellt die "goldene Stunde" eine magische Zeit in Bezug auf Licht und Atmosphäre dar. Diese goldene Stunde führt zu weichem Licht, warmen Farben, extrem langen Schatten, die allmählich verschwinden, und einem ausgezeichneten Kontrastniveau trotz der reduzierten Dynamik. Dieses Phänomen tritt auf, wenn die Sonne sehr tief am Horizont steht, und zwar in den Momenten unmittelbar nach Sonnenaufgang und vor Sonnenuntergang.

Es ist verständlich, dass dieses Zeitfenster für Fotografen von unschätzbarem Wert ist, denn es bietet ideale Lichtverhältnisse, um atemberaubende Bilder einzufangen. In diesen magischen Momenten scheint die Natur selbst in ein goldenes Licht gehüllt zu sein, das jedem Detail einen Hauch von Wärme und Tiefe verleiht. Wenn man sich diesen Effekt zunutze macht, kann man außergewöhnliche fotografische Ergebnisse erzielen, die den Bildern eine bezaubernde und einzigartige Qualität verleihen.

Wenn man weiß, wie man die unterschiedlichen Lichtverhältnisse zu verschiedenen Tageszeiten ausnutzen kann, lassen sich sicherlich bemerkenswerte visuelle Ergebnisse erzielen, insbesondere wenn man dasselbe Motiv und denselben Hintergrund betrachtet. Genauso wichtig ist es jedoch, insbesondere für diejenigen, die einen detaillierten Fotorealismus anstreben, ein gründliches Verständnis der Blickwinkel zu haben.

Für diejenigen, die keine große Erfahrung in der Fotografie haben, sind hier einige bekannte Begriffe und Konzepte aus der Welt der Fotografie aufgeführt. Diese können frei in die MidJourney-Befehle integriert werden, um genauere und realistischere Ergebnisse zu erzielen. Diese Erkenntnisse zu verstehen und zu nutzen, kann den Unterschied zwischen einem Bild, das authentisch wirkt, und einem, das etwas künstlich wirkt, ausmachen. Das Wissen um die Nuancen von

Blickwinkeln und deren kreative Anwendung in Prompts kann die Ästhetik des erzeugten Bildes völlig verändern. Das Experimentieren mit diesen Techniken kann zu überraschenden Ergebnissen führen und so den Kreationen von MidJourney eine zusätzliche Ebene von Tiefe und Realismus verleihen.

Für entfernte Aufnahmen: "Weitaufnahme", "Ultraweitwinkel", "Fernaufnahme", "Luftaufnahme" oder "Satellitenaufnahme"

Für mittlere Schüsse: "Mittlerer Schuss", "Oberer Schuss", "Bodenschuss", "Bodenschuss", "Unterer Schuss", "Oberer Schuss", "Totaler Schuss", "Rundumschuss Körper" oder "Ganzer Schuss"

Für Aufnahmen aus nächster Nähe zum Motiv: "Augenhöhe", "Nahaufnahme", "Glamour-Aufnahme", "Glamour-Porträt", "Makroaufnahme" oder "Makrofotografie".

Versuchen wir gleich, unsere drei katzenartigen Freunde in ein neues Licht zu rücken.

"/images prompt Luftaufnahme mit einer Nikon D5300 Nikkor 18-105 DSLR, Rudel von Katzen, die durch die Straßen von London laufen, goldene Stunde --v 5 --ar 3:2 --s 750 -- keine Kamera".

Hier werden unsere Protagonisten von oben gezeigt, ein Blickwinkel, der in unserer Aufforderung eine sorgfältige Angabe des Blickwinkels erfordert, bevor der Name der verwendeten Kamera genannt wird.

Es ist wichtig zu betonen, dass beim Schreiben der Aufforderung die Reihenfolge der Informationen entscheidend ist und dass der Blickwinkel deutlich vor dem Kameratyp angegeben werden muss.

Wie in den Beispielen gezeigt, sind Korrektheit und Präzision bei der Formulierung der Aufforderung von größter Bedeutung. Es ist jedoch wichtig zu verstehen, dass Präzision nicht zwangsläufig eine übermäßige Ausführlichkeit bedeutet. Versuchen Sie nun, selbst zu experimentieren, indem Sie die als Beispiele angegebenen Aufforderungen umformulieren. Sie können auch die Parameter innerhalb der Anweisungen ändern, um zu sehen, welche Effekte erzielt werden können. Diese Übung wird es Ihnen ermöglichen, die kreative Kraft von MidJourney voll auszukosten und Ihnen helfen, die Kunst des Schreibens effektiver Aufforderungen zu beherrschen.

Experimente mit Stilen und Techniken der MidJourney-Generierung.

MidJourney präsentiert sich als ein kreatives Labor ohne Grenzen, das digitalen Künstlern die Möglichkeit bietet, in einen riesigen Ozean von Erzeugungsstilen und -techniken einzutauchen. In diesem Kapitel werden wir die Experimente erkunden, die Benutzer mit MidJourney durchführen können, um neue Stile, Nuancen und kreative Ansätze zu entdecken. Diese Experimente lassen außergewöhnliche und innovative Kunstwerke entstehen, die oft durch ihre Originalität überraschen.

Wie wir in den vorangegangenen Kapiteln gesehen haben, ist die grafische Leistungsfähigkeit von MidJourney so groß, daß es die Erstellung von Bildern ermöglicht, die dem persönlichen Stil großer Künstler oder sogar bekannter Fotografen folgen. In diesem Kapitel werden wir untersuchen, wie MidJourney in der Lage ist, jeden bekannten grafischen und künstlerischen Stil zu erfassen und dank seiner fortgeschrittenen künstlichen Intelligenz sogar die kreative Mischung dieser Stile zu ermöglichen.

Beginnen wir mit einem grafischen Stil, der in den letzten Jahren immer mehr an Bedeutung gewonnen hat: der Manga-Stil der japanischen Comics. Jeder Autor dieses Genres hat eine erkennbare Handschrift in seinen Werken, und einer der berühmtesten ist Hayao Miyazaki, bekannt für sein Meisterwerk "Howl's Moving Castle". Die Herausforderung, die wir uns mit MidJourney gestellt haben, besteht darin, eine Insel zu schaffen, die genau von dem unverwechselbaren Stil dieses Animationsfilms inspiriert ist. Wir werden sehen, wie MidJourney die einzigartige Essenz von Miyazakis Welt einfangen kann, indem es eine bezaubernde, detaillierte Umgebung zum Leben erweckt, die die Ästhetik und Atmosphäre seines Werkes getreu wiedergibt. Dieses Experiment wird ein Beweis für MidJournys grenzenlose Vielseitigkeit und Kreativität sein, wenn es darum geht, die komplexesten und ausgeprägtesten Stile zu erfassen und sie in atemberaubende digitale Kunstwerke zu übersetzen.

"/images prompt erzeugt eine Insel im Stil von Miyazakis Howl's Moving Castle während der goldenen Stunde --ar 3:2 --s 750"

Im vorgenannten Fall haben wir das Werk eines Autors benutzt, um uns ein sehr genaues Bild von einem bestimmten Stil zu machen; dies ist jedoch nicht immer notwendig. Wenn wir einen bestimmten Stil vor Augen haben und nur an den allgemeinen Aspekten interessiert sind, können wir ihn einfach erwähnen, ohne auf Details und ausführliche Beschreibungen eingehen zu müssen.

Lassen Sie uns nun fortfahren, indem wir MidJourney bitten, eine Insel im suggestiven Steampunk-Stil zu schaffen. Dies wird uns die Möglichkeit geben, eine Welt zu erkunden, in der sich viktorianische Ästhetik mit fortschrittlicher Dampftechnologie vermischt und uns die Tür zu einem Universum voller Zahnräder, Messing und ungezügelter Kreativität öffnet.

"/images prompt erzeugt eine Insel im Stil von SteamPunk während der goldenen Stunde --ar 3:2 --s 750".

Hier ist eine Klarstellung erforderlich: Sie haben bemerkt, dass in den beiden vorangegangenen Beispielen der Parameter "Goldene Stunde" verwendet wurde, der im vorangegangenen Kapitel ausführlich erläutert wurde. In Miyazakis Stil ist dieser Parameter praktisch unbedeutend, während er im Kontext des Steampunk beginnt, relevant zu werden. Es ist wichtig, sich diese feinen Unterschiede stets vor Augen zu halten, denn sie könnten in Zukunft den Unterschied zwischen einem außergewöhnlich gestalteten Bild und einem, das nur angemessen oder okay ist, ausmachen. Mit zunehmender Erfahrung können diese Details den Unterschied ausmachen und Ihnen dabei helfen, wirklich außergewöhnliche Kunstwerke zu schaffen.

Lassen Sie uns ein anderes stilistisches Gebiet erkunden, oder besser noch, zwei Stile zur gleichen Zeit. Bei dieser Gelegenheit haben wir unsere künstliche Intelligenz gebeten, eine Insel zu erschaffen, die den viktorianischen Stil und die Atmosphäre der Sherlock-Holmes-Krimis verkörpert. Dieses Experiment bietet uns die Möglichkeit, die Eleganz und Raffinesse des viktorianischen Zeitalters mit den für die Abenteuer von Sherlock Holmes typischen Intrigen und Geheimnissen zu verbinden.

"Die Eingabeaufforderung /images erzeugt eine Insel im viktorianischen Stil, die in einem Sherlock-Holmes-Roman während der goldenen Stunde spielt --ar 3:2 --s 750".

Das ist das Ergebnis. Einerseits mag es dem vorherigen ähnlich sein - das liegt daran, dass der Steampunk-Stil vom viktorianischen Zeitalter inspiriert ist -, andererseits hat die

Verschmelzung mit den Sherlock-Holmes-Geschichten dem Ganzen einen Hauch von Geheimnis verliehen. Auch hier kann man sehen, wie die Zeitspanne der goldenen Stunde einen Unterschied macht.

Nun wollen wir direkt den Stil und das Genre wechseln und versuchen, unsere Insel immer in einem abstrakten Stil zu sehen.

"/images prompt erstellt eine Insel in einem abstrakten Stil -- ar 3:2 --s 750".

Jetzt versuchen wir, die gleiche Einstellung beizubehalten, aber mit der Angabe, dass unsere Färbung die pastellfarbene ist.

"/image prompt erstellt eine Insel in einem abstrakten Stil in Pastellfarben --ar 3:2 --s 750".

Sehen Sie, wie sich das Bild dramatisch verändert, wenn Sie ein einfaches Attribut wie "Pastellfarben" hinzufügen.

Offensichtlich sind die Stile und Künstler, mit denen man experimentieren kann, auch zeitgenössisch. Wie wäre es, MidJourney zu bitten, eine Insel zu gestalten, wie es der berühmte Maler Banksy tun würde?

"/image prompt erzeugt eine Insel auf Banksys --ar 3:2 --s 750".

Was wäre, wenn unsere Insel mit den Augen eines berühmten Architekten geschaffen worden wäre?

Versuchen wir, MidJourney zu bitten, die Augen der berühmten Architektin Zaha Hadid zu benutzen.

"/image prompt schafft eine Insel im architektonischen Stil von Zaha Hadid --ar 3:2 --s 750".

Die Experimente mit Generationsstilen und Techniken in MidJourney bieten eine perfekte Plattform für künstlerische Innovation. Künstler können unerforschte Gebiete erkunden, Konventionen in Frage stellen und Kunstwerke schaffen, die die Grenzen der digitalen Kreativität ausreizen. Mit einem offenen Geist und einer Leidenschaft für Entdeckungen sind die Möglichkeiten in MidJourney endlos und warten nur darauf, entdeckt zu werden.

Der Rat ist immer derselbe: versuchen, versuchen und nochmals versuchen. Experimentiere und mische, deiner Kreativität sind keine Grenzen gesetzt und MidJourney wird dein perfekter Assistent sein.

Arbeiten Sie mit vorhandenen Bildern.

Importieren und Bearbeiten vorhandener Bilder in MidJourney

MidJourney erlaubt Ihnen nicht nur, schöne Bilder von Grund auf zu erstellen, sondern bietet Ihnen auch die Möglichkeit, ein von Ihnen vorgeschlagenes Bild zu verändern, indem Sie es einfach hochladen.

Oftmals kommt es vor, dass wir ein Bild haben, das in Form und Inhalt das widerspiegelt, was wir wollen, aber meistens fehlt etwas, um es perfekt zu machen: eine andere Art von Farbe, ein anderer Stil, ein besserer Winkel oder etwas anderes. . MidJourney bietet uns auch diese Möglichkeit.

Mal sehen, wie.

Zunächst einmal ist es notwendig, darauf hinzuweisen, daß MidJourney nur drei Formate für Bilder akzeptiert: jpeg, png und gif.

Wenn Ihr Bild also eine andere Erweiterung hat, müssen Sie es so ändern, dass es eines der drei erforderlichen Formate hat.

Mit MidJourney können Sie ein Foto oder ein Bild direkt von Ihrem Computer, von der entsprechenden App oder von einer beliebigen Website hochladen, wobei der Link in unserer mittlerweile bekannten Kommandozeile angegeben werden muss.

Nehmen wir an, es gibt ein Bild einer Seite, die wir mit MidJourney verändern möchten. Wie sollten wir unsere Anweisung schreiben?

Hier berichten wir über die Aufforderung:

"/image prompt [http://URL_Image.jpg] [image description] [--attribute1 -attribute2]"

Einfach und unmittelbar, denken Sie nur immer daran, die Struktur der Aufforderung sehr sorgfältig zu beachten.

Was ist, wenn das Bild ein altes Foto von uns oder von Freunden ist?

Auch hier können wir MidJourney für Modifikationen nutzen, aber der erste Schritt ist, diese Fotos nicht in den Chat hochzuladen, wie wir es jetzt gewohnt sind, sondern sie direkt an den MidJourney-Bot zu schicken, damit sie nicht öffentlich werden.

Abbildung 29. Laden von Bildern.

Wenn wir jedoch ein Bild verwenden möchten, das auf unserer persönlichen Website, auf der unseres Unternehmens oder auf einer anderen Website veröffentlicht wurde, müssen wir nur einen einfachen Vorgang befolgen.

Bevor Sie beginnen, sollten Sie jedoch beachten, dass Sie für die Änderung und Veröffentlichung eines Bildes, das Ihnen nicht gehört oder von einer fremden Website stammt, die Genehmigung des Urhebers einholen müssen.

Nachdem wir das Bild, das uns interessiert, auf einer Website ausgewählt haben, positionieren wir uns darauf und wählen mit der rechten Maustaste den Punkt "Bildadresse kopieren".

Nun öffnen wir eine neue Registerkarte in unserem Browser und wählen im entsprechenden Adressfeld mit der rechten Maustaste den Punkt "Einfügen", um das von uns ausgewählte Bild mit der vollständigen Adresse zu sehen.

Sobald dies geschehen ist, müssen Sie nur noch die Adresse aus dem Browser kopieren und in die MidJourney-Box einfügen, wobei Sie wie immer die Anweisung "/image prompt "image address"" verwenden.

Wenn wir bestimmte Attribute nicht verwenden, erlaubt Ihnen die Anweisung, das von Ihnen gewählte Bild im Chat zu zeigen. Wenn Sie es später ändern wollen, müssen Sie es im Chat erneut mit der Maus auswählen, den Punkt "Bildadresse kopieren" wählen und diese Adresse in "/image prompt" unter Hinzufügung der Parameter verwenden, um so ein geändertes Bild zu erhalten.

Es sollte angemerkt werden, daß dieser letzte Schritt natürlich übersprungen werden kann, wenn wir die benötigten Parameter bereits bei der Eingabe der Bildadresse angeben, was MidJourney erlaubt, das bereits modifizierte Bild gemäß Ihren Befehlen in den Chat zu laden.

MidJourney verwenden, um Bilder zu verbessern, zu transformieren oder zu manipulieren.

MidJourney ist nicht nur ein Schöpfer von visuellen Fantasiewelten, sondern auch ein leistungsfähiges Werkzeug zum Verbessern, Transformieren und Manipulieren bestehender Bilder.

MidJourney ist mit seiner leistungsstarken Fähigkeit, qualitativ hochwertige KI-Bilder zu erzeugen, nicht nur ein Werkzeug zur Erstellung von Bildern, die Kunstwerke sein können, sondern kann auch zur Verbesserung, Transformation und Manipulation bestehender Bilder verwendet werden. In diesem Kapitel werden wir einige grundlegende Schritte erforschen und erklären, was diese Konzepte sind, für den Fall, dass Sie keine starke Basis in grafischer oder fotografischer Kultur haben.

Nach der Erstellung des Bildes kann es sein, dass wir das Aussehen unserer Fotos ändern oder einfach verbessern müssen.

Die Produktion von Befehlen für die Fotobearbeitung ist beachtlich, daher werden wir nur die am häufigsten verwendeten oder sogar originellen Befehle aufführen.

Das erste zu berücksichtigende Attribut ist "--uplight", dieser Befehl wird verwendet, um die Qualität des Lichts in einem Bild zu verbessern. Hier kommt ein fortgeschrittenes Konzept, das wir in den nächsten Kapiteln sehen werden: Upscaling.

Das Attribut "--creative" macht, wie der Name schon sagt, das Endergebnis kreativer und manchmal auch deutlich chaotischer. Sehen Sie sich dieses Beispiel an:

"/Stellt euch den Eiffelturm kreativ vor"

Die Kombination mehrerer Filter kann zu überraschenden Ergebnissen führen. Schauen Sie sich diese Anweisung und das dazugehörige Bild genau an, das dabei herauskommt:

"/imagine prompt: Eiffelturm, Frontlight Rim Lighting Diffraction Grading, Autostereoskopie, De-Noise, Post-Production"

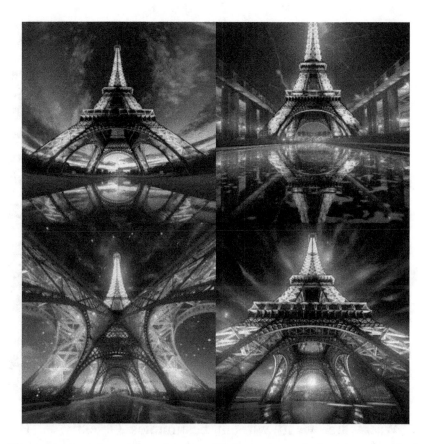

Versuchen wir nun, mit den Farben zu arbeiten und geben Sie diesen Befehl ein: "/imagine prompt Eiffel Tower eletric colors".

Was wäre, wenn wir ein bestimmtes Objektiv, z. B. ein Teleobjektiv, verwenden wollten?

"/imagine prompt: Eiffelturm, Teleobjektiv".

Die Verwendung von Filtern, dank der natürlichen Sprache, die MidJourney verwendet, erlaubt die Reproduktion jedes bekannten Filters, von jeder Kamera oder Videokamera und von jeder Optik. Die Hinzufügung eines besonderen künstlerischen Stils und einer originellen Kombination von Farben, alles fachmännisch gemischt, führt zu außergewöhnlichen Ergebnissen.

Denken Sie bei einem realen Motiv an die Position und den Zeitpunkt des Lichts, denn dies ist ein grundlegender Parameter für eine hochwertige Wirkung.

Jetzt bleibt natürlich nur noch, Spaß zu haben.

Wenn man, wie bereits erwähnt, tiefer eindringen möchte, muss man nur, wie in dem hier als Beispiel verwendeten Fall, auf die Schaltfläche U4 klicken und eines der Fotos auswählen, um das Bedienfeld für die professionelle Retusche und die Änderung der Bildgröße zu erhalten.

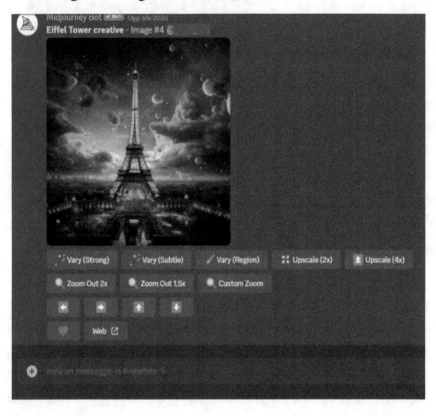

Die kreative Nutzung von MidJourney zur Verbesserung, Transformation und Manipulation von Bildern bietet eine enorme künstlerische Freiheit. Künstler können die Grenzen der visuellen Realität verschieben und Kunstwerke schaffen, die eine perfekte Balance zwischen der realen Welt und der

Fantasie darstellen. Mit Erkundung, Experimentierfreude und Neugier als Leitfaden sind die Möglichkeiten nur durch die Kreativität der Anwender begrenzt.

Kombination von Elementen, die von MidJourney generiert wurden, mit bestehenden Bildern.

Eines der faszinierendsten Potenziale von MidJourney liegt in seiner Fähigkeit, die von künstlicher Intelligenz erzeugte Welt mit der uns umgebenden greifbaren Welt zu kombinieren. Diese Kombination aus digital generierten Elementen und bestehenden Bildern kann zu außergewöhnlichen Ergebnissen führen, die neue kreative Horizonte eröffnen und die Grenzen der digitalen Kunst erweitern.

Wenn wir das Bild jedoch bereits erstellt haben und es später ändern wollen, klicken wir einfach auf das Bild und wählen "mit Browser öffnen". Sobald wir das Bild in einer neuen Registerkarte unseres Browsers geöffnet haben, müssen wir nur noch die Adresse in der Leiste auswählen.

Gehen wir nun zurück zur MidJourney-Leiste und geben wir in den Befehl "/image prompt" die Adresse des aus der Leiste kopierten Bildes ein und fügen das Attribut "creative" hinzu. Dies ist das Ergebnis:

Die Kombination von Elementen, die von MidJourney generiert wurden, mit bestehenden Bildern öffnet die Tür zu einer neuen Welt der Kreativität. Künstler können frei experimentieren und Realität und Fantasie vermischen, um Kunstwerke zu schaffen, die den Betrachter inspirieren, begeistern und in einzigartige visuelle Welten entführen. Mit Geduld, Hingabe und einem scharfen Auge für Details kann die Verschmelzung von Digitalem und Realem zeitlose visuelle Meisterwerke hervorbringen.

Tipps und Tricks für die Aufnahme von Bildern.

Experimentieren mit kreativen und üblichen Reizen

Ein grundlegender Aspekt bei der Verwendung von MidJourney ist die Möglichkeit, mit kreativen Impulsen zu experimentieren, aber auch mit den bekannteren Elementen zu spielen. Dieses Experimentieren bietet einen fruchtbaren Boden für künstlerische Erkundungen, fördert die Kreativität und bringt überraschende Ergebnisse ans Licht.

MidJourney als künstliche Intelligenz hat eine eigene Komplexität, die es ihr erlaubt, abstrakte Konzepte oder sogar einfachen Unsinn zu verstehen. Diese sprachlichen Herausforderungen sind jedoch im Falle von MidJourney gleichzusetzen mit künstlerischen Herausforderungen.

Die Umsetzung von Träumen, Visionen oder Traumerfahrungen in Bilder kann tiefe, abstrakte Emotionen hervorbringen. MidJourney bietet eine einzigartige Möglichkeit, das kreative Unterbewusstsein zu erforschen und innere Erfahrungen in visuell beeindruckende Kunstwerke umzusetzen.

Auf der Suche nach Originalität und Komplexität ist es äußerst nützlich, den Bot mit bestimmten Anfragen zu testen. In diesem Kapitel werden wir einige Beispiele für solche Anfragen geben, die Sie sicher überraschen werden.

Versuchen wir, MidJourney um ein Foto des Geruchs von Regen zu bitten.

"/imagine prompt Ein Foto vom Geruch des Regens".

Versuchen wir nun, nach dem Bild für den Klang des Lachens zu fragen.

"/Vorstellung eines Bildes mit dem Klang des Lachens"

Und schließlich bitten wir in Anlehnung an ein berühmtes Lied um das Bild vom Klang der Stille.

"/Stellen Sie sich den Klang der Stille vor"

Diese besonderen und unglaublichen Ergebnisse lassen einen verstehen, wie MidJourney manchmal Anfragen, die unmöglich erscheinen, seine ganze Phantasie entfesseln kann.

Versuchen Sie, sich diese Bilder mit all den Attributen vorzustellen, die wir kennen gelernt haben.

Das Experimentieren mit kreativen und gewohnheitsmäßigen Reizen in MidJourney ist eine nie endende Reise in die menschliche Kreativität und künstliche Intelligenz. Künstler sind eingeladen, zu erforschen, zu spielen und neue Ausdrucksformen durch diese innovative Plattform zu entdecken. Jedes Experiment ist ein Schritt zur Entdeckung neuer visueller Welten und zur Erweiterung der Grenzen der digitalen Kunst.

Wir werden nicht müde, Ihnen zu sagen, dass Experimentieren und Ausprobieren bei MidJourney ein absolutes Muss ist.

Optimierung der Parameter für realistischere oder spektakulärere Ergebnisse.

Nachdem wir nun verstanden haben, wie wichtig eine präzise und klare Sprache in den Anfragen an MidJourney ist, kommen wir zum Kern der Sache: der fortgeschrittenen Parameteroptimierung. Diese Phase erfordert nicht nur technische Fähigkeiten, sondern auch eine ausgeprägte künstlerische Intuition. Hier erforschen wir Strategien und Tricks, die Sie von einfachen Benutzern zu MidJourney-Meistern machen können.

Die Kunst der Optimierung liegt im Experimentieren. Haben Sie keine Angst, Fehler zu machen; jeder Versuch ist ein Schritt zu einem tieferen Verständnis von MidJourney und Ihren künstlerischen Absichten. Neu komponieren, neu machen, modifizieren: diese Aktionen sind wertvolle Verbündete.

Vereinigen Sie Konzepte zu einer harmonischen Fusion. Erleben Sie die Kunst, zwei oder mehr Bilder zu einer nahtlosen Kreation zu verbinden. Die Fusion kann Stile und Techniken verändern und überraschende und einzigartige Kunstwerke hervorbringen.

Upscaling ist einer der Schlüssel zu einem schärferen, detailreicheren Bild. Erhöhen Sie die Bildauflösung, um die visuelle Qualität Ihrer Kreationen zu verbessern und Details hervorzuheben, die sonst übersehen werden könnten.

Verwenden Sie die Modifikatoren mit Präzision. Der Modifikator "Realistisch" kann ein Bild in ein detailliertes Foto verwandeln, während der Modifikator "Abstrakt" stilisiertere Kompositionen zum Leben erwecken kann. Verwenden Sie diese Werkzeuge, um den von Ihnen gewünschten Stil zu perfektionieren.

Die erweiterten Einstellungen von MidJourney sind Ihr Spielplatz. Prüfen Sie die Auflösung, das Seitenverhältnis und den Stil sorgfältig. Selbst kleine Abweichungen bei Zahlen oder Intervallen können einen großen Einfluss auf das endgültige Aussehen des Bildes haben.

Denken Sie daran, dass Genauigkeit der Schlüssel ist. Selbst eine geringfügige numerische Erhöhung oder Änderung des Standardbereichs kann ein Bild radikal verändern. Kalibrieren Sie jeden Parameter sorgfältig und führen Sie iterative Experimente durch, um die perfekte Balance zu finden.

Die fortgeschrittene Parameteroptimierung in MidJourney ist eine Reise der künstlerischen Entdeckung. Ihre Fähigkeiten werden mit Erfahrung und Übung wachsen. Seien Sie mutig, experimentieren Sie leidenschaftlich und lassen Sie sich von der großen Welt der Möglichkeiten, die MidJourney bietet, inspirieren. Nur durch ständiges Erforschen können Sie die Kunst, mit diesem mächtigen Werkzeug atemberaubende Bilder zu erzeugen, wirklich meistern.

Eingehende Untersuchung der Nachbearbeitungstechniken zur Verbesserung der erstellten Bilder.

Bei der Bildnachbearbeitung handelt es sich um fortgeschrittene Techniken, die nicht nur gründliche Kenntnisse der entsprechenden Befehle, sondern auch der Nachbearbeitungstheorie im Bereich der Bilder und der Fotografie im Besonderen erfordern.

Im Folgenden werden wir kurz die wichtigsten Techniken erläutern, wobei es natürlich ratsam ist, sich eingehender mit dem Thema Nachbearbeitung zu befassen, um immer komplexere und realistischere Bilder zu erhalten. Wir werden nun ausgefeilte Techniken erforschen, um die Ästhetik zu verfeinern, die Klarheit zu verbessern, Farben zu verwalten und eine stärkere visuelle Wirkung zu erzielen.

Die Beseitigung von Rauschen und die Verbesserung der Schärfe sind der Schlüssel zur Erzielung hochwertiger Bilder. Durch den Einsatz fortschrittlicher Filter und Rauschunterdrückungsalgorithmen kann das Bildrauschen erheblich reduziert und die Detailgenauigkeit und Klarheit verbessert werden.

Befehl zur Rauschunterdrückung: "--denoise 0.5".

Befehl Schärfen: "--sharpen 1.5".

Ein genaues Farbmanagement ist für die visuelle Leistung eines jeden Bildes unerlässlich. Wir werden uns mit Farbkorrekturtechniken beschäftigen, die eine optimale Farbtreue und eine einheitliche Farbbalance im gesamten Bild gewährleisten.

Befehl zur Farbkorrektur: "--Farbkorrektur 1.2".

Befehl Farbbalance: "--balance-colors"

Der geschickte Einsatz von Kreativfiltern kann ein einfaches Bild in ein visuell faszinierendes Kunstwerk verwandeln. Sehen wir uns an, wie man künstlerische Filter anwendet, um Schlüsselelemente zu betonen, atmosphärische Effekte zu erzeugen und den erzeugten Bildern eine einzigartige Note zu verleihen.

Befehl zur Anwendung künstlerischer Effekte: "--artistic-filter "oil-painting""

Befehl für Stilisierungseffekte: "--style "artistic-style"".

Die Vielfalt der Effekte ist so groß, dass wir Sie für eine vollständige Liste auf die MidJourney-Dokumentationsseiten verweisen.

Durch das Erzeugen eines Gefühls von Tiefe und Perspektive wird das Bild lebendig. Nachbearbeitungstechniken zur Verbesserung der Tiefe, wie z. B. selektive Unschärfe und das Hinzufügen von Schärfentiefeeffekten, verbessern die Illusion der Dreidimensionalität erheblich.

Selektiver Unschärfe-Befehl: "--blur-background 1.8".

Befehl für Schärfentiefeeffekte: "-Schärfentiefe 2,5"

Ein korrektes Skalierungsmanagement ist unerlässlich, um das Bild an verschiedene Formate anzupassen, ohne seine Qualität zu beeinträchtigen. Intelligente Skalierungsalgorithmen, die Schärfe und Details auch bei Dimensionsänderungen erhalten, können wahre Wunder bewirken.

Befehl zur Größenänderung unter Beibehaltung der Qualität: "--resize 800x600".

Neben den technischen Aspekten spielt der künstlerische Ansatz eine entscheidende Rolle bei der Verbesserung der Gesamtästhetik des Bildes. Die Bedeutung von Komposition, Beleuchtung und Farbbalance für die Schaffung von Bildern, die die Aufmerksamkeit auf sich ziehen und Emotionen wecken, ist von grundlegender Bedeutung, wenn wir eine Wirkung erzielen wollen, die Sie in Erstaunen versetzt.

Befehl zum Ändern der Komposition: "--compose "overlay""

Befehl zur Anpassung der Beleuchtung: "--lighting-adjustment 1.3".

Das kreative Potential von MidJourney ist unbestritten. Dieses revolutionäre Werkzeug bietet Künstlern ein breites Spektrum an Möglichkeiten, aber um noch größere künstlerische Höhen zu erreichen, ist es unerlässlich, in die Tiefen fortgeschrittener Nachbearbeitungstechniken einzutauchen.

Die Erforschung dieser Methoden ist der nächste Schritt auf der kreativen Reise. Durch die hohe Kunst der Nachbearbeitung können Künstler ihre Kreationen von Meisterwerken in ikonische Meisterwerke verwandeln. Dieser Prozess ist nicht nur ein letzter Schliff, sondern eine Verwandlung, ein Zauber, der ein Bild von gut zu außergewöhnlich macht.

Jeder digitale Pinselstrich, jedes nuancierte Detail und jedes Lichtspiel lässt sich durch den geschickten Einsatz dieser Techniken perfektionieren und verstärken. Die Beherrschung der Nachbearbeitung bedeutet, das Bild genau so gestalten zu können, wie man es sich vorstellt. Es ist ein Tanz zwischen Vorstellung und Umsetzung, ein wortloser Dialog, der durch Pixel und Farben zum Leben erweckt wird.

Für Künstler, die nach Perfektion streben, ist die fortschrittliche Nachbearbeitung ihr treuester Verbündeter. Sie ist das Geheimnis hinter Kunstwerken, die den Betrachter verzaubern und tiefe Emotionen wecken. Von perfekten Nuancen bis hin zu verblüffenden Kompositionen, von greifbarem Realismus bis hin zu kaleidoskopischen abstrakten Welten - alles ist durch die meisterhafte Kunst der Nachbearbeitung möglich.

Ich lade Sie daher ein, diese Nachbearbeitungstechniken mit Neugier und Hingabe zu erkunden. Lassen Sie sich von der Magie verzaubern, die sie Ihren Kreationen verleihen können, und lassen Sie sich inspirieren, die Grenzen des Vorstellbaren zu erweitern.

Teil 3: Vertiefende Konzepte

MidJourney-Architektur und wie die zugrunde liegende KI funktioniert.

Wir haben in den vorangegangenen Kapiteln gesehen, wie MidJourney funktioniert, nun wollen wir versuchen, es von einem technischen Standpunkt aus zu betrachten.

Diese künstliche Intelligenz tritt mit uns durch natürliche Sprache in Kontakt, d.h. wir nähern uns ihr, als ob wir mit einem Menschen sprechen oder besser noch schreiben würden, ohne eine bestimmte technische Programmiersprache zu benutzen. Daneben erscheinen die Befehle dieser künstlichen Intelligenz, d.h. die Worte, die MidJourney sagen, was getan werden soll, zusammen mit den Parametern, die erklären, wie es getan werden soll.

Die Bilder werden dann direkt in einem Chat erstellt, der ein Arbeitsvolumen hat, das einem neuen Bild alle drei Sekunden entspricht; die Bilder werden sehr schnell erstellt und entwickelt, was natürlich auch von den Parametern und der Qualität abhängt, die Sie dem Bild geben wollen.

Jeder Anweisungssatz erzeugt also ein Bild, aber es ist auch zu berücksichtigen, wie diese Sätze eingeführt und erzeugt werden. Oftmals handelt es sich um eine Anweisungssequenz, die einige unvollständige Tippfehler enthält, die den Ersteller dazu veranlassen, sofort eine neue Anweisung zu erstellen, die sich mit sehr kleinen Anpassungen von der zuvor erstellten unterscheiden wird. All diese Sätze, diese Abfragen, tragen zum Lernen und Wachsen von MidJourney bei.

Eine weitere MidJourney-Option, um neue Bilder in einem bestimmten Stil zu erhalten, ist die Verwendung des Bild-für-Bild-Ansatzes, indem Referenzbilder auf Discord hochgeladen werden. Sie werden dann als Link in der Aufforderung veröffentlicht und dienen somit als Grundlage für den Verbreitungsprozess. Wie sie das Ergebnis beeinflussen, ist ein Glücksspiel. In manchen Fällen kopiert der Generator den Stil des Originalbildes, in manchen Fällen das Layout und in anderen Fällen das Objekt im Fokus. Eine einzigartige Stärke von MidJourney im Vergleich zu vielen Mitbewerbern ist die Kombination von mehreren Generierungs- und Sampling-Schritten in einem einzigen Workflow.

Nach jedem Iterationsschritt werden weitere Auswahlmöglichkeiten für die weitere Bearbeitung des Ergebnisses angeboten. Da jede Option das Bild in eine andere stilistische Richtung lenkt, neigt dieses System dazu, große Verzweigungsbäume von Abfragen und Verfeinerungen zu schaffen, bei denen ein Benutzer über mehrere Zweige hinweg arbeitet. Die einschneidendste Änderung wird in der Regel durch das Remastering-Modell vorgenommen, mit dem versucht wird, die Kohärenz und den Realismus der erzeugten Bilder zu erhöhen (mit oft gemischtem Erfolg). Diese Zufälligkeit aus IT-Sicht kann jedoch aus grafischer und künstlerischer Sicht ein bemerkenswertes Werk hervorbringen.

Verstehen Sie die Grenzen und Möglichkeiten von MidJourney.

MidJourney ist ein unendlich faszinierendes und vielseitiges Universum, das jedoch, wie jedes kreative Werkzeug, seine Grenzen und Möglichkeiten hat. Diese Grenzen genau zu verstehen, ist die Voraussetzung für eine effektive und lohnende Nutzung dieser Technologie.

Trotz des Ausschlusses von Bildern für Erwachsene, die durch explizite Gewalt und sexuelle Inhalte gekennzeichnet sind, hat MidJourney viel weniger Einschränkungen als eine alternative künstliche Intelligenz wie DALL-E, was die Art der erstellten Inhalte angeht. Es gibt keine Beschränkungen gegen die Erstellung von Bildern, die "Gewalt" in einem breiten oder fantastischen Kontext, Krankheiten, Behinderungen, politische Themen oder Darstellungen von Personen des öffentlichen Lebens zeigen. Egal, ob Sie Supersoldaten für einen Science-Fiction-Kontext, Illustrationen für medizinische Dokumente, aussagekräftige politische Bilder oder einfach nur faszinierende Fankunst im klassischen Stil erstellen möchten, MidJourney ist in jedem Fall Ihre ideale Wahl.

Ein wichtiges Merkmal von MidJourney, das in gewisser Weise Fluch und Freude zugleich ist, besteht darin, dass es alles speichert und für alle zugänglich macht.

MidJourney speichert standardmäßig alle Miniaturbilder und hochauflösenden Versionen in Ihrem persönlichen Archiv, was die Suche durch die Eingabeaufforderungen erleichtert und den Verlust von Arbeit verhindert.

Dies schafft jedoch einige Probleme für diejenigen, die sehr auf den Datenschutz achten.

Erstens ist jede Anfrage und jedes erzeugte Ergebnis standardmäßig öffentlich zugänglich und wird in einer leistungsstarken und großen Galerie geteilt. Außerdem werden Ihre Vorschläge als Nutzer direkt in einen öffentlichen Chatraum auf den Discord-Servern gepostet.

Die Möglichkeiten, die sich durch die Erkundung dieses riesigen Archivs, das praktisch das Werk der gesamten MidJourney-Gemeinschaft ist, bieten, sind immens: Es stellt eine sehr nützliche Methode dar, um verschiedene Stile zu entdecken und neue Inspiration zu finden. Sie können gezielt nach künstlerischen Techniken, berühmten Künstlern oder bestimmten Themen suchen. Sie können auch die Arbeiten anderer zu Ihrer Zwischenablage hinzufügen, um sie in Zukunft zu verwenden, und natürlich bedeutet ein Blick in das Archiv früherer Kreationen, dass Sie Ihre Arbeitsguthaben mit mehr Bedacht einsetzen.

Eines der Merkmale, die MidJourney im Vergleich zu anderen Realitäten bietet, ist die Möglichkeit, Bilder mit unterschiedlichen Ausrichtungen zu erstellen.

Die Erstellung von horizontalen und vertikalen Bildern ist sehr einfach: Geben Sie einfach etwas wie den folgenden

Befehl in die Eingabeaufforderung ein: "-ar 2:1", um ein Bild zu erhalten, das doppelt so breit wie hoch ist.

Zu den gängigen Seitenverhältnissen gehören:

16:9 Desktop-Breitbildformat, Telefon im Querformat;

9:16 mobiles Porträt, geeignet für Instagram Stories;

4:3 typisches Format für Thumbnails oder Querformatbilder;

Das 4:5-Format eignet sich am besten für "Hochformat"-Bilder in Ihrem Instagram-Feed.

Panoramabilder sind ideal für atemberaubende Landschaften, eignen sich aber auch für die Schaffung von "filmischen" Atmosphären, z. B. für Actionszenen. Vertikale Kompositionen sind perfekt für Poster, Porträts in voller Länge und schwindelerregende Motive wie Wolkenkratzer.

Eine interessante Funktion, wenn Sie einen malerischen Stil verwenden möchten, ist zweifellos die Hochskalierung.

Vereinfacht gesagt, erhöht die standardmäßige normale Hochskalierung die Detailgenauigkeit der HD-Version, so dass auf einem Blumenfeld mehr Grashalme, Blütenblätter und Ähnliches zu sehen sind. Im Gegensatz dazu behält der Modus "leichte Hochskalierung" die Anzahl der Pinselstriche bei und verstärkt lediglich die vorhandenen Details.

Das Verständnis der Grenzen und Möglichkeiten von MidJourney ist entscheidend für die effektive Nutzung dieser Technologie. Im vollen Bewusstsein dieser Dynamik können Künstler neue visuelle Welten erkunden, künstlerische

Konventionen herausfordern und die Grenzen des kreativen Ausdrucks erweitern.

Leistungsoptimierung und Ressourcenmanagement.

Leistungsoptimierung und effizientes Ressourcenmanagement sind entscheidende Aspekte, um sicherzustellen, dass MidJourney optimal läuft und außergewöhnliche Ergebnisse liefert.

Die Leistung und die Ressourcen von MidJourney als Künstliche Intelligenz sind nahezu großzügig. Dank der KI-Bilderzeugung während des gesamten Prozesses entstehen Bilder von höherer Qualität: MidJourney-Ressourcen helfen dabei, Zwischenbilder schrittweise zu verfeinern und so das endgültige Bild deutlich zu verbessern. Ermöglicht wird dies durch MidJournys eigenen Generator, der eine kompaktere Modellkonfiguration verwendet, die weniger Rechenressourcen benötigt. Dies macht ihn nicht nur kostengünstiger als andere generative Modelle, sondern bietet auch eine größere Kontrolle über das Endergebnis.

Die während des Trainings erstellten Zwischenbilder ermöglichen eine detailliertere Anpassung des endgültigen Bildes, wodurch es einfacher wird, das gewünschte Ergebnis zu erzielen. Darüber hinaus bieten die Generatoren von MidJourney eine noch nie dagewesene Flexibilität, da sie verwendet werden können, um bereits existierende Bilder zu verändern.

Diese Eigenschaft ermöglicht die Erstellung einzigartiger und origineller Bilder, die durch die Anwendung verschiedener Muster, Texturen, Farben oder Morphologien personalisiert werden. Gleichzeitig weist die Bilderzeugung in der Mitte des Pfades bemerkenswerte Konvergenzeigenschaften auf, die die Trainingszeit reduzieren und das Erreichen des gewünschten Ausgabebildes beschleunigen. Diese Fortschritte führen zu einer höheren Produktivität, da die resultierenden Bilder dank der kontinuierlichen Verfeinerung der Zwischenschritte natürlicher und realistischer erscheinen.

Neben diesen unbestrittenen Vorteilen sind einige kritische Punkte zu erwähnen, die die Leistung und das Ressourcenmanagement dieser Art von künstlicher Intelligenz beeinflussen.

MidJourney hat zweifelsohne eine fortgeschrittene architektonische Komplexität. Die Architektur seiner Generatoren ist komplizierter als die traditioneller Modelle und erfordert daher ein tieferes Verständnis für eine effektive Modellimplementierung.

Sein Training ist zeitlich ausgedehnter. Insgesamt benötigen Generatoren für mittlere Pfade längere Trainingszeiten als herkömmliche generative Modelle.

Seine Rechenkosten sind ausgesprochen hartnäckig. Obwohl es möglich ist, den MidJourney-Generator so zu konfigurieren, dass er weniger Rechenressourcen verbraucht, bleiben die Gesamtkosten erheblich.

MidJourney ist in hohem Maße von großen Datensätzen abhängig. Der MidJourney-Bildgebungsansatz erfordert große Datensätze für Trainings- und Testzwecke, wodurch die MidJourney-Generatoren empfindlich auf die Menge und Qualität der verfügbaren Eingabedaten reagieren.

Dieser letzte Punkt stellt eine echte Herausforderung für die Optimierung dar. Die Optimierung des Bilderzeugungsprozesses auf halbem Weg kann komplex sein und erfordert umfangreiche architektonische Kenntnisse, um die Leistung des Algorithmus zu maximieren.

MidJourney hat einige Einschränkungen in seiner Anwendung. Derzeit finden MidJourney-Generatoren in der KI-Bilderzeugung breite Anwendung, haben aber in anderen Zusammenhängen, in denen die Zwischenzustände zwischen Eingabe und Ausgabe nicht klar definiert sind, ihre Grenzen. Aus diesem Grund ist die Definition bestimmter Daten in einigen Bildern nicht klar definiert.

Leistungsoptimierung und sorgfältiges Ressourcenmanagement sind der Schlüssel zu einer positiven Erfahrung mit MidJourney. Durch die Umsetzung dieser Strategien können Anwender ihre Effizienz maximieren und das kreative Potenzial dieser leistungsstarken Plattform voll ausschöpfen, indem sie beeindruckende digitale Kunstwerke flüssig und einfach erstellen.

Fallstudien und Inspiration.

Erkunden Sie die Kreationen von Experten und Künstlern mit MidJourney

Wir werden nun versuchen, Ihnen einige Werke von berühmten Künstlern zu zeigen, deren Instagram-Konto wir auch zeigen werden. Der Rat ist natürlich, sie sorgfältig zu beobachten, nicht zu versuchen, sie zu imitieren, denken Sie daran, dass die ursprüngliche Schöpfung immer etwas mehr in den Bildern ist, aber so, dass sie Quellen der Inspiration in Ihren Kreationen sein können.

Shail Patelhttps://www.instagram.com/shael.ai/

Stefano Casatihttps://www.instagram.com/scasati/

Daryl Anselmo https://www.instagram.com/darylanselmo/

Analyse der von erfolgreichen Künstlern verwendeten Techniken und Ansätze.

MidJourney hat Künstlern unzählige Möglichkeiten eröffnet, indem es ihnen erlaubt, mit Stilen und Konzepten zu experimentieren, die bisher außerhalb ihres künstlerischen Experimentierfeldes lagen. Die KI kann hyperrealistische Bilder, surreale Traumlandschaften und abstrakte Meisterwerke erzeugen und sogar Elemente aus verschiedenen Kunstrichtungen kombinieren, um etwas völlig Neues zu schaffen. Diese neu gewonnene Freiheit, unbekanntes Terrain zu erforschen, hat die künstlerische Gemeinschaft neu belebt und Künstler dazu inspiriert, über ihre künstlerischen Grenzen hinaus zu denken.

Während MidJourney als revolutionärer Fortschritt gefeiert wurde, hat es auch Debatten über die Urheberschaft und die Rolle der künstlichen Intelligenz im kreativen Prozess ausgelöst. Fragen über das Eigentum an KI-generierter Kunst und die feine Linie zwischen Inspiration und Plagiat sind mit voller Wucht aufgetaucht, da sich Künstler mit den ethischen Implikationen der Nutzung von KI als kreatives Werkzeug auseinandersetzen. MidJourney AI setzt sich jedoch weiterhin für einen offenen Dialog über diese Fragen ein und stellt sicher, dass Künstler für ihre Zusammenarbeit mit KI Anerkennung und Lob erhalten.

In diesem Zusammenhang muss gesagt werden, dass MidJourney seinen Weg in verschiedene Bereiche gefunden hat und das kreative Panorama mit seinem innovativen Ansatz in einigen interessanten künstlerischen Bereichen bereichert:

Bildende Kunst: Malerei, digitale Kunst und Animation sind nur einige Beispiele für Medien, zu denen MidJourney beigetragen hat und die traditionelle Techniken mit modernster Technologie verbinden.

Werbung und Marketing: MidJourney kann dabei helfen, auffällige Grafiken und Bilder für Werbematerialien zu erstellen, die es Marken ermöglichen, sich auf dem Markt von der Konkurrenz abzuheben.

Unterhaltung: Von Musikvideos bis hin zu Videospielen, MidJourney hat das Seherlebnis auf neue und fesselnde Weise verbessert.

Sehen wir uns nun einige Künstler an, die dank MidJourney Bilder erstellt und gestaltet haben und die auf ihren Instagram-Profilen veröffentlicht und aktualisiert werden.

Harshdeep Arora

https://www.instagram.com/_prspctivs/

Die Vision seiner Projekte zeigt eine starke Betonung der Farben, einer der Faktoren, die die Umgebung aufwerten. Es ist möglich, die Verwendung geometrischer Formen in den geschaffenen Räumen zu beobachten, das Vorhandensein von Bereichen mit linearen Linien ist selten.

Ben Myhre

Auf den ersten Blick fällt die Vorliebe für eher geschlossene Räume auf. In allen Werken sehen wir dunkle Umgebungen, die von einem gothischen Stil umgeben sind. Wir wissen, dass es sich um detailorientierte Räume handelt, in denen alle möglichen Details auf die Spitze getrieben werden.

Hadschar Ali

https://www.instagram.com/reverse.orientalism/

Gründer von Urbane Nomads, einer Luxusreiseagentur, und der Website Travel Like a Humanitarian. Bei den meisten seiner Projekte ist eine sehr präsente Nutzung der Landschaft zu beobachten, mit großen Fenstern, die den gesamten Raum nach außen und in die Umgebung bringen.

Tipps, wie Sie diese Ansätze und Techniken auf Ihre Kreationen anwenden können.

Der Unterschied zwischen Ihnen und den Profis liegt im Wesentlichen in Ihren künstlerischen Fähigkeiten, oder besser gesagt, in Ihrem Talent und Ihrer Kenntnis von MidJourney. Bevor wir über einige Techniken sprechen, die wir teilweise schon in den vorherigen Kapiteln gesehen haben, werden wir einen Befehl vorstellen, den wir noch nicht kennengelernt haben: "--weird".

Mit diesem Befehl können wir eine ausgesprochen düstere Atmosphäre schaffen, die aus ästhetischer Sicht fast unerwartet oder auf jeden Fall ungewöhnlich ist. Ein deutliches Beispiel dafür ist das Bild des Tennisplatzes im vorherigen Kapitel.

Das Verhältnis liegt zwischen 0 und 3000. 0 ist der Standardwert und 3000 ist der unerwartetste Wert.

Mit dem Befehl "/blend" können Sie erstaunliche Effekte erzielen.

Dies funktioniert ähnlich wie der "/image"-Befehl, mit dem Unterschied, dass Sie 2 bis 5 Bilder hochladen und MidJourney dann bitten können, diese mit einer Textnachricht zusammenzuführen. Achten Sie darauf, dass beide Bilder die gleiche Größe haben, um beste Ergebnisse zu erzielen. Sie können auch das gewünschte Seitenverhältnis angeben.

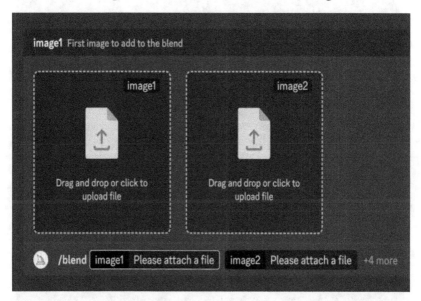

Einer der wichtigsten Aspekte des künstlerischen Ausdrucks ist der effektive Einsatz von Licht. Standardmäßig fügt MidJourney der Ausgabe etwas Beleuchtung hinzu. Wenn Sie jedoch eine Verbesserung sehen wollen, ist es am besten, wenn Sie damit beginnen, Ihrer Nachricht eine Beleuchtung hinzuzufügen. Wir haben zum Beispiel den folgenden Tipp verwendet, um schöne Lichteffekte einzubauen:

"/imagine prompt ein Bild des Big Ben zur Mittagszeit, komplett mit filmischer Beleuchtung".

Sie können auch versuchen, Konzepte zu kombinieren, um interessante Stücke zu schaffen. Anstatt MidJourney zu bitten, einen Superhelden zu erstellen, können Sie ein anderes Thema hinzufügen, um gezieltere Ergebnisse zu erzielen. Zum Beispiel haben wir MidJourney benutzt, um eine Serie von Bildern von Batman mit der amerikanischen Flagge zu erstellen.

"/Stellt euch einen amerikanischen Batman vor"

Zusätzliche Ressourcen und Gemeinschaft.

Websites, Foren und Online-Ressourcen zur Förderung der Nutzung von MidJourney

Der außerordentliche Erfolg von MidJourney hat zu einer unglaublichen Anzahl von Websites, Foren und Ressourcen geführt, die jeden Aspekt dieser künstlichen Intelligenz behandeln. Da es sich jedoch um das Internet handelt, müssen wir immer mit großer Sorgfalt die Informationsquellen und die verschiedenen "Tutorials" auswählen, die im riesigen Panorama des Internets immer zahlreicher werden.

Zuallererst ist es ratsam, die ausgezeichneten Dokumentationsseiten, die MidJourney selbst zur Verfügung stellt, anzusehen und zu lesen. Hier finden Sie, gut dokumentiert und geschrieben, alle Befehle, die mit diesem Bot verwendet werden können, die Anleitungsstrings und verschiedene Beispiele, begleitet von entsprechenden Bildern, die die Ergebnisse der verschiedenen Befehle zeigen.

Diese Seiten sind unter folgender Adresse zu finden: https://docs.midjourney.com/

Hier finden Sie einen Startleitfaden, FAQs und sogar einen Leitfaden zur Nutzung der Discord-Server, auf denen MidJourney basiert.

Was auch immer Sie an Zweifeln oder Informationen suchen, diese Seiten sollten das erste Suchziel sein.

Ein absolut sehens- und lesenswertes Portal ist "**Inside My Head**", das Sie unter folgender Adresse finden: https://linusekenstam.substack.com/

Unter der Leitung von Linus Ekenstam können Sie sich über die neuesten Nachrichten und Innovationen auf dem Gebiet der künstlichen Intelligenz auf dem Laufenden halten und gleichzeitig hervorragende und präzise Tutorials und echte Schulungen finden. Es ist zu beachten, dass einige Beiträge kostenlos sind, während andere kostenpflichtig sind und daher ein monatliches Abonnement von zehn Dollar erfordern.

Visually AI ist eine außergewöhnliche Ressource, die von Heather Cooper erstellt wurde und in der erklärt wird, was die besten Werkzeuge für künstliche Intelligenz sind und wie man sie einsetzt. Ein spezielles Toolkit für künstliche Intelligenz kann sogar von der Website heruntergeladen werden. Dies ist seine Adresse: https://heatherbcooper.substack.com/

Gradient Ascent ist eine komplexere Ressource als die vorherigen Empfehlungen, das Niveau der Diskussion in der Gemeinschaft und der Inhalt der Beiträge ist sehr hoch und daher nicht für diejenigen geeignet, die ihre ersten Schritte in dieser Welt machen. Alle seine Ressourcen sind kostenlos verfügbar. Dies ist seine Adresse:https:// newsletter.artofsaience.com/

Learn prompting it ist eine kostenlose Ressource, die man unbedingt in Betracht ziehen sollte. Es handelt sich um einen Online-Kurs darüber, wie man die richtigen Anfragen an die künstliche Intelligenz stellt. Seine Adresse lautethttps:// learnprompting.org/

Schließlich sollten Sie auch die zahlreichen Ausbildungskurse über künstliche Intelligenz in Betracht ziehen, die Sie auf UDEMY finden. Die Kurse sind nicht nur nach Themen, sondern auch nach bereits erworbenen Kenntnissen und Fähigkeiten unterteilt.

Beteiligung der MidJourney-Gemeinschaft und Austausch von Erfahrungen und Arbeit.

Dank der Verwendung von Discord-Servern basiert MidJourney nicht nur auf, sondern fördert auch die Arbeit in der Gemeinschaft.

Wie wir bereits im entsprechenden Kapitel über die Kontoerstellung gesehen haben, ist es möglich, die erstellten Bilder zu verbergen, vorausgesetzt, Sie wählen das entsprechende Abonnement. Allerdings, und das muss gesagt werden, untergräbt das Nichtteilen den Geist, mit dem MidJourney konzipiert und geschaffen wurde.

Vor allem bei den ersten Schritten ist das Teilen von Bildern von grundlegender Bedeutung; es ermöglicht uns, die Arbeit anderer zu sehen, was nicht nur inspirierend sein kann, sondern auch dabei helfen kann, MidJourney zu verstehen und zu nutzen.

Denken Sie nur an die Möglichkeit, Bilder, die von anderen erstellt wurden, zu verändern und nicht nur zu verbessern, sondern sogar neue Stile und neue Befehle zu entdecken und zu erproben.

Die gemeinsame Nutzung ermöglicht es Ihnen auch, dank Discord mit Enthusiasten und Künstlern aus der ganzen Welt in

Kontakt zu treten, mit denen Sie Meinungen und Techniken austauschen können; dieser Austausch hilft Ihnen nicht nur, IT-Techniken und in diesem speziellen Fall auch Grafiken besser zu beherrschen.

Jedes Mal, wenn Sie ein bestimmtes Bild im Auge haben, versuchen Sie zu scrollen, indem Sie den Punkt "Erkunden" auf Ihrer MidJourney-Seite auswählen, um durch die Bilder der gesamten Gemeinschaft, einschließlich der Künstler, zu blättern.

Es sollte hervorgehoben werden, dass MidJourney Künstler, selbst berühmte, nicht als mögliche Konkurrenten sieht, sondern als Mitarbeiter auf der Suche nach einem besseren, qualitativ hochwertigen Bild. Aus professioneller Sicht können professionelle Künstler diese künstliche Intelligenz nutzen, um Prototypen zu erstellen und zu entwickeln, die sie ihren Kunden vor der eigentlichen Realisierung vorlegen können.

Es muss jedoch betont werden, dass nicht alle Künstler mit MidJourney zufrieden sind. Einige üben wichtige Kritik: Es wird angenommen, dass diese künstliche Intelligenz die ursprüngliche kreative Arbeit entwerten kann und zu einer Massifizierung des kreativen Prozesses führt, der in der Lage ist, Bilder zu schaffen, die zwar unterschiedlich, aber künstlerisch sehr ähnlich sind.

Um dieser Art von Kritik zu begegnen, hat MidJourney eine spezielle DMCA-Entfernungspolitik eingeführt, die es Künstlern erlaubt, die Entfernung ihrer Werke aus der

Community zu beantragen, wenn sie glauben, dass ihr Urheberrecht oder Copyright verletzt wurde.

Eingehende Analyse der Möglichkeiten zur Integration von MidJourney in bestehende Grafiksoftware.

Wie wir in den vorangegangenen Kapiteln gesehen haben, ist die Erstellung von Bildern durch MidJourney eine Kreation von großer Qualität, die sicherlich den Großteil der Wünsche von Kreativen und Autoren abdeckt. Es bleibt jedoch ein gehobenes künstlerisches Segment, für das die MidJourney-Bilder immer noch Modifikationen und Retuschen erfordern.

In früheren Versionen der künstlichen Intelligenz erfolgten diese Retuschierungsschritte, indem die Bilder einer professionellen Bildbearbeitungssoftware unterzogen wurden, die bereits von Fachleuten verwendet wurde, vor allem Adobe Photoshop.

Heute bietet MidJourney in seiner aktuellen Version eine Funktion, die es näher an ein ausgefeiltes Fotobearbeitungsprogramm heranbringt, auch wenn es noch einen gewissen Abstand gibt. Dieser Befehl, oder besser gesagt diese Funktion, heißt "Vary Region".

In diesem Kapitel werden wir uns nicht darauf konzentrieren, wie sie zu verwenden ist und welche

Eigenschaften sie hat, da dies einerseits über das Thema dieses Buches hinausgeht und man andererseits fortgeschrittene Kenntnisse in der digitalen Fotobearbeitung benötigt, um sie gut zu nutzen und zu beherrschen; daher werden wir ihre Existenz aufzeigen und ihr Potenzial erläutern, um zu zeigen, wie sich diese künstliche Intelligenz auch an das Segment der fortgeschrittenen digitalen Fotobearbeitung anpasst, das von High-End-Kreativen benötigt wird.

Um diesen Befehl sofort zu sehen, müssen wir ein Bild im MidJourney-Chat mit dem "/imagine"-Befehl erstellen, mit dem wir jetzt gut vertraut sind. Dann wählen wir eines der vier Fotos aus, klicken auf eine der Schaltflächen von V1 bis V4 und warten, bis das Bild im Chat erscheint.

Nun werden Sie das Aussehen dieses Bildes eine Reihe von Befehlen sehen, die in der hier dargestellten Abbildung dargestellt sind.

Jetzt müssen Sie nur noch auf die Schaltfläche "Variieren (Region)" klicken. Mit diesem Befehl haben wir im Wesentlichen zwei Möglichkeiten: einige Unvollkommenheiten im Bild korrigieren oder Elemente an bestimmten Punkten hinzufügen.

Sobald wir unsere Retusche abgeschlossen haben, müssen wir nur noch auf die Schaltfläche "Senden" klicken, um unser Bild an den MidJourney-Bot zu senden. In kurzer Zeit wird unser modifiziertes Bild im Chat zusammen mit drei anderen in der üblichen Darstellung erscheinen, die wir kennen.

Schlussfolgerungen.

Die Kenntnis und das Verständnis eines modernen Phänomens wie der Künstlichen Intelligenz ist heute nicht nur unverzichtbar, sondern öffnet auch die Türen zu neuen Entwicklungen auf dem Arbeitsmarkt.

Die konstante und gleichmäßige Entwicklung dieser Technologie, die noch in den Kinderschuhen steckt, macht sie zu einem Arbeitsmittel, das sehr bald in allen Bereichen des Arbeitsmarktes zu finden sein wird. Wer sie kennt und ihre Anwendung auch nur ansatzweise erlernt, wird nicht vom Arbeitsmarkt ausgeschlossen sein.

Die kontinuierliche Ausbreitung der künstlichen Intelligenz erlaubt es uns, auch mittelfristig Vorhersagen darüber zu treffen, welche Arbeitsbereiche am stärksten beeinflusst werden. Und nicht nur das: Sie ermöglicht es uns zu verstehen, wie die derzeitigen Arbeitsstrukturen durch ihre Präsenz verändert werden.

Unter den Sektoren, die davon am meisten beeinflusst werden, können wir uns leicht einige vorstellen, wie z.B. die Medizin, wo die Diagnosen und therapeutischen Empfehlungen dank eines wohlüberlegten Einsatzes von künstlicher Intelligenz immer präziser werden und es gelingt, eine Art von Medizin zu schaffen, die perfekt auf die Bedürfnisse des einzelnen Patienten abgestimmt ist.

Denken wir an das Lebensmodell in städtischen Kontexten, in denen diese Technologie sicherlich einen wesentlichen Beitrag zur Stadtplanung leisten wird, indem sie es schafft, Themen wie Verkehr oder Abfallentsorgung zu optimieren, sie im städtischen Kontext zu optimieren und zu kalibrieren und dabei die individuellen Besonderheiten der jeweiligen Stadt zu berücksichtigen.

Die schnelle Verwaltung enormer Datenmengen wird zu einer beschleunigten Entwicklung wissenschaftlicher Entdeckungen führen, man denke nur an die Kartierung von Genen zur Entwicklung von Medikamenten, die auf den einzelnen Patienten zugeschnitten sind.

Sein Beitrag wird auch im Hinblick auf künstlerische Kreationen sehr nützlich sein, da er es den Kreativen ermöglicht, ihre Ideen und Projekte in kürzester Zeit zu verwirklichen und den gesamten kreativen Fluss zu optimieren.

Die Leistungen der künstlichen Intelligenz werden im Bereich der IT-Sicherheit sehr nützlich und grundlegend sein und den Schutz der Privatsphäre und der Daten verbessern.

Und nicht nur das: Es wird der grünen Wende auf dem Planeten einen großen Schub geben können, indem es die auf dem Planeten vorhandenen Ökosysteme sehr effektiv überwacht und sofort vor der Gefahr des Verlusts der biologischen Vielfalt in ihnen warnt.

Dies sind nur einige der vielen Beispiele, in denen künstliche Intelligenz in den kommenden Jahren viel zu sagen und zu tun haben wird.

Insbesondere MidJourney wird sich immer mehr in Richtung eines größeren fotografischen Realismus entwickeln, so dass wir nicht mehr in der Lage sein werden, mit dem Auge ein aufgenommenes Bild von einem durch künstliche Intelligenz geschaffenen zu unterscheiden. Wenn dieser Schritt auch ethische und urheberrechtliche Probleme aufwirft, die sicherlich mit spezifischen Gesetzen angegangen werden, die ihre Verwendung einschränken können, so wird MidJourney andererseits die ganze Kreativität freisetzen, die den Künstlern innewohnt. Man denke nur an die Möglichkeit des künstlerischen Experimentierens in jedem Stil, auch von uns selbst geschaffen, die dieser Bot bietet, während er gleichzeitig künstlerische Ausrüstung und Werkzeuge spart.

Die ständige Fähigkeit, zu lernen und sich anzupassen, wird MidJourney in die Lage versetzen, den Geschmack und die Neigungen der einzelnen Künstler, mit denen es zusammenarbeiten wird, genau zu kennen, was es zu einem äußerst zuverlässigen und präzisen Arbeitspartner macht.

Wenn MidJourney auf der einen Seite Zweifel und Ängste bezüglich der Nutzung dieser Technologie ausräumen kann, müssen wir uns auf der anderen Seite immer darüber im Klaren sein, dass es sich um eine Technologie mit ihren Grenzen und Entwicklungen handelt; es wird nur an uns liegen, sie gut zu lenken und zu entwickeln.

Wenn wir unsere Vorstellungskraf
nutzen, um Bilder zu schaffen, erwecke
wir Ideen zum Leben. Wir übersetzen da
Abstrakte in Konkretes und verwandel
Gedanken und Gefühle in visuell
Formen. Dieser Prozess ist ein Akt persö
licher Magie, eine Brücke zwischen de
inneren und äußeren Wel

Alex Glase

ISBN 9798868027130

9 798868 027130